U0140312

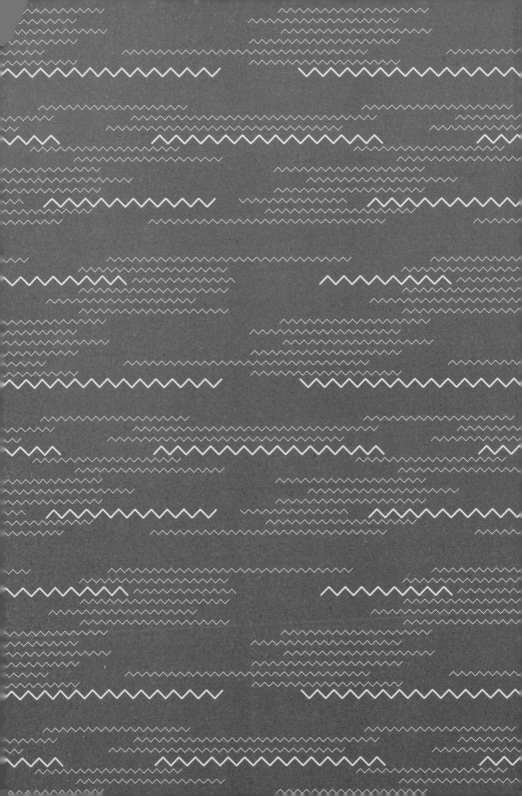

不 死
投資客

哈佛商學院最熱門的投資課

TOMOHIRO NAKAZAWA

中澤知寬 著　　張瑜庭 譯

ハーバード・ビジネス・スクールの 投資の授業

Chapter 1
一流投資客不死的祕密
哪些資訊值得花時間解讀？

Chapter 2
培育一流投資人的最高殿堂
哈佛商學院

哈佛商學院的經典投資策略
用市場解讀力，洞察價值

Chapter 4
實踐致勝投資策略
哈佛商學院的投資操作策略

* 本書中的「元」皆為日圓。

培育世界一流投資人的最高殿堂

Educate leaders who make a difference in the world.
（培育改變世界的領袖）

世界頂尖的 MBA ——哈佛商學院（HBS）的教育方針。

　　哈佛商學院做為一個教育機構，它吸引、接納並教育了那些想透過商業改變世界的年輕商業人士，不僅如此，在學生畢業後也提供支援，因此孕育出許多改變世界的領袖。

　　就像改變世界的方法有很多種，有人是以經營者或企業家之姿取得成功、有人以社會企業家之姿為社會帶來莫大影響，還有人以投資人之姿取得巨大成就。多數哈佛商學院的畢業生為了體現這種教育方針，而成為帶給世界莫大影響的領袖，在各自的領域獲得極大的成功。

　　本書將著重於哈佛商學院身為「世界一流投資人培訓中心」的那一面，以我在哈佛商學院的經驗為基礎，廣泛

介紹哈佛商學院所傳授的投資精髓。

　　每年均有許多年輕專業的人士，為了踏上與哈佛商學院的一流投資人前輩相同的道路，敲響哈佛商學院的大門。他們的投資標的和策略各不相同。有些人擅長操作避險基金，施展複雜的投資策略並挑戰市場；有些人操作私募股權基金，將企業本身視為投資標的，藉由個人參與提高基金價值，掌握獲利；或有些人聚焦於創業投資，每日接觸創業家，立志挖掘「下一個 meta」。這些投資人，即使標的、策略各異，卻皆以「投資」維生，進而大放異彩，晉升成為哈佛商學院的傳奇投資人。

享受與市場搏鬥的樂趣

　　為什麼投資人這個職業會吸引眾多哈佛商學院的學生？「通往富貴的捷徑」當然是其中一個面向。全世界有許多大富翁都是知名避險基金、私募股權基金的創辦人或其幹部，這是不爭的事實。但是，就僅止於此嗎？

　　我也身為一名日本的機構投資人，超過十年位處國際市場最前線，與市場進行搏鬥，感受到了投資人這個職業的「魅力」，其實遠遠超過「能夠累積巨額財富的可能

性」。我在哈佛商學院求學時，與未來的一流投資人結下深交，每晚都在訴說投資的魅力。

我們的目光放眼全球，討論著和風險搏鬥時，該有什麼樣的心理準備和信念；保管、增加他人的資本具有什麼樣的責任；當自己的假設具體成真時，一同分享喜悅……投資擁有各式各樣的面向，也許很難用明確的語言表達潛藏其中的魅力，但這正是投資被稱為「藝術」的原因，希望本書至少能將其中部分魅力傳達給各位讀者。

投資客與投機客

話說回來，投資人這個職業對日本人來說本身就比較陌生。大家腦海中或許會浮現出「在自家盯著多個銀幕、反覆買賣股票」的景象，但那其實是操盤手。在日本，以每日操盤手為業的人常被視為「職業投資人」、「投資客」，但在國外卻非如此。國外當然也有每日操盤手，但他們不被當成是「投資客（Investor）」，而是會被定義為「投機客（Speculator）」。

當然，不論是投資人還是投機者，股票交易都是取得財富的手段，在根本上這點沒有不同。金錢沒有顏色，投

資人獲得的百萬美元和投機者獲得的百萬美元並無差別。

　　然而，他們在社會中所獲得的「敬意（respect）」卻有差別，在國外尤其明顯，國外的一流投資人所獲得的「敬意」，接近於創業家和實業家所獲得的敬意。投資人以自身能力看出市場上獨特的投資機會，說服其他投資人以籌集資金，並運用成功的投資策略幫其他人賺到錢，同時也讓自己致富，透過上述的過程讓「投資」事業成功，在這層意義上，投資人就如同創業者和實業家「以事業成功者之姿博得敬意」。因此，職業投資人之所以受到歡迎，除了能通往富貴之外，這層「敬意」有更深遠的影響。

　　另一方面，在國外，投資行為已深入日常生活。在日本，也出現了將年金制度從確定給付制轉移為確定提撥制的跡象，但在美國，「年金是準備好給自己運用的東西」早已是理所當然的觀念，你可以到證券公司開設年金專用帳戶，以不需課稅的投資獲利增加年金戶頭裡的財產。資產運用的內容當然由自己決定，從個股到投信，可以自由組合琳瑯滿目的金融商品。因此，社會上對於投資的關心熱度也可以說相當高。

　　日本也開始以NISA制度（日本的小額投資免稅制度）為契機，社會上對於投資的關心熱度升高，可望加速「從

儲蓄到投資」的流動。日本是一個資產大國，擁有的個人金融資產約有 1,700 兆元，要如何管理這巨額金融資產？這個問題簡直可以說是國家層級的課題了。我認為，作為一個國家，能有效運用這筆巨額的金融資產，不僅能增加國家財富，還能為世界帶來莫大影響。再者，這是國家層級的事，同時也是個人層級的事。1,700 兆元的個人金融資產，說穿了就是每個個人集結起來的數字。若能提高每個人對於投資的關心熱度，並培養「投資力」，國家層級的「投資力」也會提升。

相較於領導等課程，哈佛商學院與金融相關的課程，時常給人樸素的印象。的確，在金融和投資的課堂上，很可惜很少有人會將個案研究的主角和自己過去的經驗重疊，甚至淚眼婆娑的發表言論；而在領導的課堂上，那樣的景象絕非罕見。

一般來說，商業專業人士將金融和投資的知識視為必要技能，這類工具性的知識也確實能夠擴展職涯可能性，但若問到是否對這領域抱有熱情，大概很少有人能毫不遲疑的回答這個問題。

在此，身為投資業界的一分子，請容我提出異議。借用某位教授的話來說，「金融是種浪漫」。投資世界是個充滿不確定性的未開拓之地，同時，這個領域也具有讓專

業人士，甚至讓人類無限成長的可能性。如果能透過本書，將其中一些魅力傳達給各位讀者，那就是筆者的無上喜悅了。

最完整案例分析，強化投資觀點

本書將介紹哈佛商學院所傳授的投資技術。但即使以投資這個詞來概括，投資標的有無限多種，投資人的種類也各有不同。舉例來說：

- 從上市上櫃股票至衍生性金融商品均廣泛投資的避險基金。
- 看準未上市公司將起死回生的私募股權基金。
- 投資新創企業的創業投資。

在這些類型五花八門的投資人之中，本書的主角主要是以美國公開股票市場為主戰場的投資人。本書中也會出現哈佛商學院課堂上舉例的美國以外的個案分析（例如日本的個案分析），但主要是以投資美國公開股票的投資人的個案分析和研究為主。

這是因為哈佛商學院有關投資的個案分析對象和研究

焦點，都集中於這類型的投資人身上。當然，也有以未上市股票為對象的私募股權基金和創業投資的研究，且開設了以這兩者為主題的專門課程，但目前數量相對較少。其原因可歸功於美國股票市場的規模和透明性。美國股票市場是世界最大的市場，在形形色色的玩家切磋較量之下，鞏固了市場的透明性；若追溯過去，還能找到經年累月的豐富資料，具備了作為研究對象的絕佳條件，這使得個案研究和論文的品質不斷提升，且為數眾多。因此，哈佛商學院開設了許多專門課程和班級，並在課堂上運用這些研究，吸引了一票立志成為投資人的哈佛商學院學生，包含筆者在內。

此外，不同於私募股權基金和創業投資，各國的散戶也能投資美股。書中將以這些個案分析和研究為例，希望各位讀者對於投資感覺更加親近，並能將本書所介紹的幾個觀點實際運用於個人投資。

本書結構

本書將嚴選並介紹立志成為投資人的哈佛商學院學生，透過什麼樣的課程、個案研究、論文、課外活動等，

學到了什麼樣的的觀點。

首先，第一章將介紹一流投資人的「資訊解讀能力」。我進入哈佛商學院後最重要的發現，就是一流投資客和普通投資人最大的差別就在「資訊解讀的能力」。因此本章，我將以「解讀力」為核心，敘述什麼是解讀力，為什麼哈佛商學院要聚焦於一流投資人的解讀能力，哈佛商學院所傳授的「解讀模組」又是什麼。

接著，第二章將介紹哈佛商學院為何成為「一流投資人培訓中心」。哈佛商學院貴為世界頂尖的 MBA，商業領袖人才輩出，而實際上也是培育出無數市場上傳奇的投資人。此外，我也會介紹在這間一流投資人培訓中心，有哪些持續發表最新研究的明星教授群，進而談及成為職業投資人與 MBA 的關係。

第三章終於進入哈佛商學院所傳授的投資技術本質。說到「資訊解讀能力」，人們往往認為那只是擅長判斷要投資「什麼標的」的能力，但哈佛商學院所教的解讀力根源不只如此。除了投資「什麼標的」之外，更要整合思考「如何」投資、「誰在」投資、投資「哪類資金」，並以此來判斷一個人是否具有基本的解讀力。我將一邊介紹哈佛商學院明星教授群的研究，一邊深入探討這幾個要素。

若以一句話來闡述要投資「什麼標的」，就是「掌控消息者掌控投資」。而取得消息和解讀消息的方式將形成差距，這便攸關解讀力。關於這點，我將介紹最新穎的研究。

若以一句話來闡述「如何」投資，就是「了解自我者，掌控投資」。而投資判斷的過程將形成差距，這便攸關解讀力。關於這點，我將介紹最新穎的研究。

若以一句話來闡述「誰在」投資，就是「釐清誘因者掌控投資」。事先掌握哪些人抱持著什麼樣的誘因而投資，將形成差距，這便攸關解讀力。關於這點，我將介紹最新穎的研究。

若以一句話來闡述要投資「哪類資金」，就是「掌控投資業界之聖杯者掌控投資」。而根據運用的資金類型將形成差距。關於這點，我將以世界首屈一指的機構投資人──哈佛大學基金的個案研究為基礎深入探討。此個案研究除了可說明該投資「哪類資金」，還能示範「誰在」投資、「如何」投資，因此我將一併介紹。

最後，在第四章，我會將哈佛商學院所教的投資技術實際融入各位讀者的日常投資中。哈佛商學院畢竟只是傳授經營和投資判斷觀點的場域，因此我將負責解說使用方法。在此，我會參考一流投資人的最新操作，同時介紹運

用第三章揭示的觀點所形成的「實踐方法」。

　　以上就是本書的結構。透過本書介紹的哈佛商學院投資技術和其實踐方法，若能讓各位讀者稍微體會到投資世界的本質是如何吸引一流投資人，這將是我身為作者的畢身榮幸。

Chapter

1

一流投資客不死的祕密

哪些資訊值得花時間解讀？

1 投資客的祭典

　　2014 年 5 月 3 日（六）早晨，位於美國內布拉斯加州奧馬哈市中心的一座氣派的體育場，這座體育場與該市的印象——美國中西部綠意盎然的地方都市——不太搭調，但此刻已聚集超過四萬人，他們等待著出身自當地的「超級巨星」。

　　不是演唱會，也不是運動比賽，僅為了聽某個投資人的演說就能聚集這麼多人，這在全世界也是極其罕見的情景吧。環顧四周，有些明顯是為了工作前來、身穿西裝的商業人士，也有看似來自亞洲的觀光客，各路人馬齊聚一堂。

　　一邊對於如此充滿多樣性的聽眾感到驚訝，一邊思考像我這樣從紐約轉機而來的日本人，反倒被如何看待？這時，燈光被點亮，開始播放宣傳影片。這支宣傳影片的主角當然是大家引頸期盼的「超級巨星」，包含揶揄、歌曲、名人焦點、笑料、感動，是頗具高水準的作品。影片播畢，聽眾的期待之情已達到最高點。

　　然後，在激昂之情達到最高之際，期盼已久的超級巨

星終於登場。

　　沒錯，說到奧馬哈的超級巨星，就是以「奧馬哈的聖賢」之名聞名的華倫・巴菲特（Warren Buffett）。接著，查理・蒙格（Charlie Munger）也登場了。如果說巴菲特是福爾摩斯，那蒙格就是華生。這兩人坐在體育場最前面的舞台上，微微向聽眾致意。這是最佳的攝影時機，體育場內的智慧型手機都轉為拍照模式，對著兩位白髮蒼蒼的投資人。

　　在兩人的致意和體育場規模的攝影會告一段落之後，就進入當天的主要活動。所謂主要活動並不是什麼特別的活動，而是提問時間。兩人針對三位知名金融記者、三位知名證券分析師以及聽眾的問題逐一回答。記者的問題精選自向一般大眾公開募集的題目。提問的順序也有規定，以記者、分析師、聽眾，分別以設置於體育場內各處的麥克風發問，並依照各別的提問順序各發問一題。然後，彷彿無限循環般反覆進行數個小時。

　　問題的內容基本上包羅萬象。唯一禁止發問的是「現在買進或賣出什麼？」但可以問有關已投資的對象。從美國整體經濟的事情，到巴菲特和蒙格兩人的關係，問題的內容相當廣泛。當然現場也歡迎嚴厲的問題，像是「為什麼今年部分投資對象的表現非常不佳」、「兩人對於接班

人有什麼打算」等，問題包含許多面向。

回答的形式基本上是由巴菲特回答，然後蒙格會加入吐槽。素有「金融喜劇」之稱的兩人，互動簡直如同夫妻相聲般百看不厭。也許因為聽眾不覺得膩，這個主要活動竟持續了六個小時。

兩人對於這樣的持久戰毫無怨言，反而時常拿起放在一旁的時思糖果（他們所投資的企業）巧克力，一邊大讚「好吃」放入嘴中，一邊陸續回答問題。當然，包含時思糖果在內，巴菲特投資的企業產品大部分都能在體育場內購買。這種善於行銷的能力，說不定就是令人意想不到的投資成功祕訣。此外，投資對象中也有經營私人噴射機的公司，還可以至近郊的奧馬哈機場參觀噴射機內部。

想得到這段提問時間的入場券，方法只有一個，那就是成為巴菲特的投資公司波克夏的股東。

沒錯，這段提問時間正是股東大會的開場。

宛如嘉年華般的波克夏股東會

說到股東大會，給人的印象總是非常講求效率，實際上的確如此，但波克夏的股東大會顯然與眾不同。不如說

是由巴菲特擔任綜合製作人的「投資人的祭典」還比較貼切。

經過六個小時的持久戰，波克夏的股東大會正式開始。其實這部分才是主要活動，但內容卻很簡短，立刻就結束了。而且，雖說長達六小時，但基本上股東都能自由進出體育場，也可以外出吃完午餐再回來聆聽。

即使股東大會結束，圍繞著「奧馬哈的聖賢」祭典仍未告終。周末連續兩日，奧馬哈市各處皆有舉辦活動，隨處都可以撞見巴菲特。在巴菲特為老闆的珠寶店中，巴菲特化身為銷售員，民眾可以體驗被巴菲特推薦珠寶、和巴菲特討價還價之後購買珠寶。此外，和巴菲特本人相當親近的微軟創辦人比爾·蓋茲（Bill Gates）每年都會參加這場股東大會，其他人可以一睹兩人桌球對決的風采。

相較於巴菲特的個人資產規模，世人皆知其住處非常親民，就鄰近該體育場，並未特別以柵欄或圍牆遮擋，因此可以直接租車前往觀看。因為坐落於普通的住宅區，若未先詳加調查地點，幾乎會直接通過而渾然不知。

股東大會衍生出這種等級的祭典與騷動，放眼全世界也絕無僅有。為什麼巴菲特能成為如此火紅的名人？

如前所述，身為股東的聽眾著實多樣。舉例來說，筆者旁邊的學生，在提問時間始終心無旁騖地將巴菲特所說

的話，打進筆記型電腦。他立志成為職業投資人，大概是用打工所賺的部分金錢購買一、兩股波克夏的股票，當作對自己的事先投資，並存下旅費來到奧馬哈。而那些身穿西裝的商業人士，也許就是那位學生所嚮往的專業投資人。另外，來自國內外看似觀光客的人，說不定是跟著潮流購買了股票，筆者也屬於這類人。

然而，在這場祭典最前頭的參加者中，最多的是身為典型「普通美國人」的個別投資人。他們並非在東岸擔任高給薪的專業職，也非在西岸擔任現今流行的高科技業相關工程師，而是在美國中西部的中產階級。這些人將一點一滴存下來的錢或透過 401（k）（編按：是美國於 1981 年創立一種延後課稅的退休金帳戶計劃，美國政府將相關規定明訂在國稅法第 401（k）條中，故簡稱為 401（k）計劃）等年金制度投資波克夏的股票，長期持股來讓資產逐漸增加。

「我持有波克夏的股票已經將近二十年了，每年都會和內人一起參加股東大會喔。華倫真是太棒了，不僅為我們這樣的普通人帶來富裕的生活，華倫本人也絲毫不擺架子，可以感覺到他很親切。正因為我們想一直支持他，才會每年都坐飛機來到奧馬哈。」

這是從美國中西部北邊的威斯康辛州專程前來的股東

所說的話，我認為這很能代表如他一般的「普通美國人」
──那些個別投資人的心聲。

順帶一提，這對夫妻似乎認為筆者是個一無所知的可
憐觀光客，於是相當親切的告訴我關於這場祭典的大大小
小事情，還包含奧馬哈的私房景點。

親民的明星投資客

從這對威斯康辛州夫妻的言談中，可以感受到他們將
視巴菲特視為超級巨星的心情溢於言表。

首先，他們說道「華倫本人絲毫不擺架子」。若說
到成功的美國基金經理人，就會讓人聯想到知名電影《華
爾街》中如同高登・蓋克般，身著高級西裝、從華爾街的
摩天大樓一邊俯瞰紐約一邊進行商業交涉的「高姿態」，
但巴菲特卻完全不同：他住在以美國來說也算鄉下的奧馬
哈，住家是中產階級稍微加把勁就買得起的大小，喜愛可
樂和漢堡，而且愛和蒙格的一搭一唱，簡直就像夫妻相聲
般有趣。

英文中常形容位處高社會地位卻仍相當親切的人是
「腳踩在地上（Down to earth.）」，巴菲特確實符合這個

形容。他身為大富翁卻能讓普通美國人備感親切，會被普通美國人如超級巨星般崇敬，或許再自然不過。

再者，威斯康辛州夫妻的言談中更重要的是「為我們這樣的普通人帶來富裕的生活」。長期投資波克夏股票的普通美國人獲得了龐大利益。有許多人正因為持續投資波克夏股票，才能過著富足的老後生活。

從大企業至中小企業，巴菲特藉由投資各式各樣的企業，牽動美國經濟，也為身為自家公司股東的「普通人」帶來富裕的生活。他甚至還將那些財富慷慨的捐出去，也替不受金錢眷顧的人們帶來莫大影響。

他正是一流投資人的代名詞，藉由個人的成功投資，以各種形式撼動世界。

2 何謂投資？

名為「複利」的魔法

筆者提及，巴菲特為待人親切的威斯康辛州夫妻這樣的「普通人」，帶來富裕的生活，並因此帶給世界莫大影響。那麼具體而言，所謂帶來富裕的生活是到什麼樣的程度呢？或者說，像威斯康辛州夫妻般長期身為股東的人，究竟能增加多少資產？

巴菲特從 1965 年開始運用波克夏的資產。他將自己從 1965 年至今，每年的運用績效公開在官方網站上。根據這些資料，假設從 1965 年至 2014 年投資波克夏股票，最初投資的金額將以年增率約 22% 成長。各位也許無法馬上理解年增率 22% 是怎麼回事，但如果說 1.8 萬倍就能意會了吧。這是令人難以置信的金額，但這是真的。

這就是俗稱「複利的威力」，一年中成長 22%，僅是投資額的 1.2 倍，但如果持續五十年，就會成為好幾萬倍。

或許有人認為五十年太長，那二十年呢？如果是二十年後似乎就可以想像了。

　　如果從 1995 年至 2014 年投資波克夏股票，投資額將以年增率 12.8% 成長，這可是約 11 倍呢！

　　常有人問：「為什麼人必須投資？」我認為這個簡單的問題其實相當深奧，但假如硬要簡單回答，就是：「因為透過投資，可以持續增加自己未來的資產價值。」應該會有人罵我這不是理所當然的嗎，但我認為世上重要的事情，大多出乎意料的簡單且不證自明。

　　當然，即使投資也未必會成功；但是，不投資也等於是放棄了像威斯康辛州夫妻所得到的恩惠，也就是長期複利的威力。因此，雖然投資與否也許在短期看不太出差別，但長期相比下來常會出現莫大差距，而已失去的時間則無法收回。正所謂打鐵要趁熱。

投資的目的，就是放大未來價值

　　話說到此，應該會有人想：「大概能理解像威斯康辛州夫妻那樣，利用長期複利的威力投資會很好，但意思是要我買波克夏股票嗎？」

說到投資，也許很多人腦海中會浮現股票，例如投資巴菲特的投資公司波克夏的股票（我認為投資波克夏的股票，本身應該算優質的長期投資，但若要提及其個別魅力就會脫離本書主旨，因此請容我直接跳過）。誠然，股票為投資的代名詞，但是投資並不限於股票。舉例來說，購買自用住宅算是在投資不動產；縱使是存錢，也代表你將錢借給銀行，就這層意義上來說，存錢也是種投資。嚴格來說，存款是給銀行的「存款債權」，因此就是將錢借給銀行。

　　在這些定義中，無論股票、不動產、存款，都只不過是投資的手段，不能成為投資本身的定義。那麼，什麼是投資？

　　筆者認為，所謂投資，最重要的目的就是「為了放大資產的未來價值」。

　　所謂價值，並不限於金錢上的價值，而且價值的定義因人而異。再者，投資標的也不限於金融商品。例如：年輕商業人士為了考取證券分析師執照而購買書籍、參加分析考試的講座、花費時間讀書。這就是「投資自己」，藉由考取證券分析師執照，來增加未來收取的薪資。投資當然不僅限於自己，也可以靠投資他人來增加自己未來收取的價值。例如：投資前景良好的公司股票，讓自己未來可

以收取該公司創造的價值。

投資自己與投資他人，若投資兩者的比例分配得宜，也許就是最理想的狀態了。

投資常常要花時間才能產生實際價值。在考取證券分析師執照的例子中，就算通過了考試，可能也無法立刻提升薪資。但是，若能好好運用在過程中培養的知識，讓現在工作上經手的專案成功，便可能因專案成功而升遷，因為升遷而承接更大的工作，進而獲得更大的成功……若能走上這條路，就是透過複利的威力，讓準備證券分析師考試這項自我投資，產生好幾倍的價值。

反之，若因為短期產生的價值不大，而立刻唾棄投資，便無法享受複利的威力，未來收取的價值也會變小。這無論在自我投資還是股票投資，都是相同的道理。

當然，未必所有投資均能在未來確實產生價值。即使報名了分析證券分析師考試的講座，也未必能通過考試；而且，即便考取了執照，也未必能讓手中的專案得以順利進行。

我們一般將投資無法在未來產生價值的可能性，稱為「風險」。若投資在未來產生價值，那便是我們負擔風險的報酬，投資就是具有這種性質的事情。

無論自我投資或股票投資，本質都一樣。

投資與賭博的差異

承擔風險，獲得報酬，這就是投資的本質。不過本節想先釐清和投資似是而非的事物。

例如，買樂透。的確，若以 300 元購買年末大樂透，對自己來說，確實是針對產生未來利益的可能性投注金錢。但是買樂透真的能產生「價值」嗎？購買樂透者，若買了 100 萬張 300 元的樂透，整體的「投資額」合計為 3 億元。這是針對獎金而支付的原資，但這 3 億元本身不會增值。

最終，所謂樂透就是一種遊戲，累積購買樂透者的金錢，再從中支付較大的金額給少數人。某種意義上，可謂極端的重新分配財富。因此，最重要的財富「大餅」不會隨之成長。

換言之，買樂透不會讓資產產生更多價值。

購買樂透者以外的其他人（營運團體等）會拿走部分樂透獎金的大餅，因此分配給購買樂透者的獎金，會少於 3 億元。財富大餅不成長，就是所謂的「零和遊戲」。在「零和遊戲」中，所有支付金錢的人所繳納的金錢總額不會增加，因此就如其名，會出現贏家和輸家，這是因為不會產生新的價值。

然而，投資不一樣。雖然不知道是否「大家都能成為贏家」，但藉由大家的投資，能讓「大餅」成長，進而增加贏家。此外，「零和遊戲」不像投資能享受複利的威力。其他像是賽馬、賭場等賭博也是「零和遊戲」要素強烈的行為。無論何者，皆與投資的根本性質迥然不同，投資並非賭博。但是，也有許多知名投資人喜歡玩撲克或21點等賭博遊戲，在此補充說明以供參考。

股票是零和遊戲嗎？

　　接下來，在此針對「股票到頭來也是零和遊戲」這樣的意見做說明。這類意見在筆者周遭也時有所聞。的確，有人藉由股票賺錢，也有人沒賺到錢。但是，這真的是零和遊戲嗎？如果投資某間企業的股票，那間企業以此週轉過來的金錢創造出更高營收，那給予股東的財富大餅就會比股東投資的總額還高。換言之，投資並非股東間的「零和遊戲」，而是產生新的價值，不像樂透只是累積金錢再重新分配。而且股東在未來可以分得新產生之價值的經濟利益，因此能活用複利的威力。

　　也許有人會這樣想：「但是，假設 A 企業與 B 企業

競爭，即使 A 企業的競爭力提升而增加該公司的財富大餅，B 企業的財富大餅卻因此縮小，那麼若將 A、B 企業的全體投資人合在一起思考，結果不就是零和遊戲嗎？」的確有理，若 A、B 企業的財富大餅總和固定且始終未成長，說不定就會是這個結果。假設產業界整體的大餅為 100，A、B 企業皆以 50 的占比出發，之後大餅未成長，A 企業拿到 60，B 企業拿到 40，那麼產業界整體的大餅 100 只不過是重新分配，這狀態近似零和遊戲。

不過，若 A、B 企業為社會提供新的價值，兩者總和的財富大餅成長了，就不能稱為零和遊戲。舉例來說，若產業界整體的大餅從 100 增為 200，A 企業得到 120，B 企業得到 80。的確，A 企業相對來說得到較多大餅，B 企業看似未得利，但 B 企業的大餅也確實成長了。差別只在產業界整體的大餅分配，也就是「勝利」的程度，而 A、B 企業的投資人雙方獲利都有所成長，在這層意義上，兩者都可說是獲得了「勝利」。

當然，以投資人的角度來看，若投資從成長的大餅中分配較多的 A 企業，肯定是比較好的做法，選擇 A 企業的判斷力正是投資人的技術所在。這就是後面將提到的，投資人「解讀力」的一部分。整體大餅成長和分配大餅彼此雖然有所關聯，但我認為分開論述較易理解。

這種邏輯不只可以運用於個別企業，也可以套用在產業上。舉例來說，線上零售業者和超市等店鋪型零售業者（雖然因區分方式而異）一般來說分屬不同類別的產業，同時也互為競爭對手。若線上零售業者的大餅成長，店鋪型零售業者的大餅也許會縮小。縱然如此，如果整體經濟有所成長，整體消費大餅增加，就會如同 A、B 企業的例子，不會變成零和遊戲。而這和個別企業的論述相同，對投資人而言，能確實看出大餅成長的產業而做投資是相當重要的事情。

　　雖然已經有些偏離主題，筆者想說的是，投資能產生新的價值，增加贏家數，所以和零和遊戲不同。

　　然後，若繼續深究這個想法，我們可以說，先長期投資大餅將會成長的領域，就可以提高在投資中成為贏家的可能性。

3 何謂解讀力？

獲取超額報酬的根本能力

請容我繼續大餅的話題。大餅的範圍可以無遠弗屆，包含個別企業的大餅、各產業的大餅、各國的大餅、世界整體經濟的大餅。

而在現代，投資標的也同樣可以無遠弗屆。如果覺得世界整體經濟的大餅會成長，就該投資世界整體經濟成長所牽動的金融商品；如果覺得日本整體經濟的大餅會成長，也許就該投資日經平均股價指數所牽動的金融商品；如果覺得高科技產業整體的大餅會成長，也可以投資聚焦於高科技產業類股的金融商品。然後，如果覺得某間特定企業的大餅會成長，當然可以投資那間企業的個股。

讓我們在此比較一下世界經濟大餅和各國大餅的性質。以一般印象而論，世界經濟的大餅中包含各國的大餅。而各國之中，有大餅快速成長的國家，也存在緩慢成長或沒有成長的國家。必須在這之中確實察覺出快速成長

的國家。但是，即使說要察覺，一國的經濟成長率每年最多不過一、兩位數。就算是成長率高的國家，國家經濟也不會一年成長 2 倍。也就是說，各國大餅的成長率並不會出現大幅差距。當然，如前所述，即便每年差距小，長期利用複利的威力便會拉大差距。

那麼，如果比較國家和企業大餅的性質？一國的大餅中，包含無數的企業大餅；而該國之中，有大餅快速成長的企業，也存在緩慢成長或沒有成長的企業。必須在那之中確實察覺出快速成長的企業。到這裡，「察覺出快速與緩慢成長」這項重點與前述的「世界經濟大餅和各國大餅」比較沒什麼不同，但最大的差異在於「成長率」。

我曾說一國的大餅不可能一年成長 2 倍，不過，一間企業的大餅一年成長 2 倍卻不是那麼稀有的事情，最近的例子像是 Facebook，也有這種大餅在短期急遽成長的企業（編按：或如 2024 年的輝達〔Nvidia〕、美超微〔Super Micro Computer〕與安謀〔Arm〕，2024 年上半年繪圖晶片巨頭輝達股價飆漲 1.6 倍，市值突破 3 兆至 3.04 兆美元，一度成為全球市值第一的公司；全球第三大伺服器製造商美超微，2024 年上半飆漲 2.1 倍，股價來到每股 890.36 美元；晶片設計巨頭安謀今年大漲 1.4 倍，來到每股 166.94 美元）。

愈是如此細分大餅，大餅成長率的差距就愈來愈大。然後，你是否看準在那之中大餅成長率較高的標的，將形成很大的差距。而且，若運用複利的威力，長期下來，那個差距將擴大好幾倍。

　　換言之，大餅成長率分布愈廣的領域，「也更容易找到大餅成長率較高之標的」，因此能否具備看出「企業成長潛能」的眼光，會左右獲利的幅度。

複利 × 時間的驚人成果

　　接下來，讓我們回到超級巨星的話題。前面提到，相當照顧筆者的威斯康辛州夫妻，投資了超級投資巨星巴菲特的投資公司，進而迎來富裕的生活。計算下來，若從 1965 年開始投資，五十年成長 1.8 萬倍；若從 1995 年開始投資，二十年來資產成長了 11 倍。

　　巴菲特每年寄給股東的「致股東信」，第一頁會列出至今每年的投資運用績效。然後，該頁中，就在波克夏的每年績效旁邊，同樣會列舉每年投資 S&P 500 的運用績效（包含股利）。所謂 S&P 500 就是美國版的日經平均股價指數，綜合五百間美國大企業股價的指數，即以追蹤

美股大盤為主。

假設 2014 年投資 S&P 500，一年可獲利約 14%，但若投資巴菲特（波克夏），可獲利約 27%。往前追溯，若從 1965 年開始投資 S&P 500，五十年的年增率約 10%，累積約為 112 倍；若從 1995 年開始，二十年的年增率同樣也是約 10%，累積則約 6.5 倍。

那麼，到此為止列出了許多投資績效的數字，這些在具體上代表什麼意思？進一步而言，巴菲特的「致股東信」中列出這些數字的真正意圖究竟是什麼？

請讓筆者以自己的方式做一番解釋。

假設在 1995 年筆者手上有 100 美元。在此為了省去考量匯率的心力，容我以美元計算。如果將這 100 美元擺在家中當私房錢，不做任何投資，那麼到了 2014 年它仍是 100 美元。你可能感覺這張鈔票稍微變舊了，但 100 美元的鈔票仍可使用於商店。那麼，如果將同樣的 100 美元的鈔票投資在 S&P 500 上？如同前述，投資 S&P 500，到了 2014 年會成長至 6.5 倍，應當會變成 650 美元。同樣的，如果投資在巴菲特身上（購買波克夏的股票），會成長至 11 倍，所以是 1,100 美元（編按：補充說明，從 1995 年到 2023 年底 S&P 500 指數的成長倍數為 10 倍，波克夏 A 股的成長倍數為 30 倍）。

在此，試著將這個差距套入剛才的大餅論述中，可能就會形成以下結果。

- 把錢擺在家中當私房錢的人，不認為美國經濟甚至任何國家的經濟大餅會成長，因此不做投資，以現金的形式擺放著。結果二十年後，100 美元仍是 100 美元。

- 投資 S&P 500 的人，看見全世界中美國的經濟大餅會成長，於是投資了 S&P 500。另一方面，因為不想，或不能察覺美國的經濟大餅中，哪個產業或企業的大餅會特別成長，因此不投資個別企業。結果，100 美元變成 650 美元。

- 投資波克夏的人，確信巴菲特能順利察覺在美國的經濟大餅中，哪間企業的大餅會特別成長，因此他並非投資代表美國整體的 S&P 500，而是將錢交給巴菲特，讓他只選擇某些特定的美國企業做投資。結果二十年後，100 美元變成 1,100 美元。

如何呢？當然，任何投資都有風險。舉例來說，若這二十年美國的大餅都沒有成長，投資 S&P 500 的投資人也許會賠錢；另外，即使美國的大餅有所成長，若投資人選擇在那之中大餅未成長的企業，還是有可能會賠錢。

但是，如此整理一番後可以知道一件事情，那就是能分辨哪間企業的大餅會成長的能力，有非常高的價值。那是二十年後錢會變 6.5 倍還是 11 倍的差別。而巴菲特正因為長期發揮這項能力，才成為超級巨星。

　　這麼一想，就可以明白為什麼巴菲特每年在「致股東信」的第一頁要端出這些數字了。若一語道破，就是在向讀者訴說：「如果你投資我，相較於完全不做投資，或比起投資 S&P 500，竟可以增加這麼多資產。所以，你要不要也投資我？」這是相當簡單卻非常有效果的行銷手法。實際上，也有不少人看見了這些績效而成為股東，開始參加奧馬哈的祭典。

大幅增加未來資產的關鍵

　　使巴菲特成為超級巨星的此項能力，本書稱之為投資的「解讀力」。以解讀力見長的投資人，能比投資 S&P 500 所獲得的利益還多。藉由驅使解讀力而獲得的利益，和投資 S&P 500 等普通指數所得到的利益之差距，本書稱之為「超額報酬」。

　　以解讀力見長的投資人會發揮此能力，獲得超額收

益。而且，若能長期驅使解讀力，就可以享受複利的威力，大幅增加資產成為市場上笑到最後又令人敬佩的「不死投資客」。

為什麼哈佛商學院這麼重視解讀能力？

稱「解讀力」為投資業界最大的謎團也不為過。該怎麼做才能成為像巴菲特一樣的超級巨星？其祕訣藏於何處？如果能解開箇中技術，加以仿效，就能提升龐大利益。許多投資人或研究者挑戰解開這個謎團，因而產出成果，但當然並非已完全解開。

本書將介紹哈佛商學院有關投資的核心研究，哈佛商學院教授群最關注的，就是這個投資業界中最大的謎團。哈佛商學院的教授研究「解讀力」，將成果寫成論文或個案研究發表於世，並傳授給敲響哈佛商學院大門的投資見習生。哈佛商學院將投資精髓視為知識的未開拓之地，加以拓墾與傳授，希望藉由本書，能傳達這些投資精髓給各位。

那麼，接下來將針對「解讀力」深入探究，但在那之前有一點必須說明。本書旨在介紹哈佛商學院所傳授的投

資法則，但很可惜的是，於本章登場的超級巨星並非哈佛校友。巴菲特年少時曾申請哈佛商學院但緣分不足，而後進入哥倫比亞大學商學院，開始領略投資這門學問。

也許這件事告訴我們，至少當時的哈佛商學院有必要重新檢視他們的「解讀力」吧。

4 解讀資訊帶來的超額報酬

何謂專業投資人的價值？

前面提到，若投資美國大盤（S&P 500），投資額在二十年後會成長至 6.5 倍（年增率約 9.9%）；另一方面，若具有如巴菲特般的解讀力，投資額在二十年後會成長至 11 倍（年增率約 12.8%）。其差距為 4.5 倍，投資額愈大，差額也愈大。哈佛商學院為什麼會關注並研究解讀力也就可想而知了。

具有此種能力好像的確能大賺一筆。我們或許可以想像出，具備解讀力的人（在此稱作 A 同學）使用自身錢財往大富翁之路邁進。但是，即使活用複利的威力，若資本為 10 萬元，就算經過二十年和巴菲特一樣增至 11 倍，也僅是 110 萬元。資產增加的「比率」雖高，「金額」本身卻相對不大。這麼一來，A 同學似乎無法充分活用能力，相當可惜。

因此，請試著注意一點：「即使資產增加比率固定，

投資額愈大，增加的金額本身就愈大」。若 A 同學可以運用更多資本，就能充分活用其能力，自己也可能成為大富翁。此外，從手中已握有許多錢財的人來看，自己投資 S&P 500 二十年讓資本增為 6.5 倍，確為令人欣喜之事，但若託付給具備解讀力的人，讓資本增為 11 倍，那應該會更加欣喜。換言之，對 A 同學來說，除了自身的錢財，若也運用他人的資產，收取一部分增加之金額做為酬勞，A 同學與託付的人皆大歡喜，確實是雙贏的關係。

符合 A 同學的角色就是所謂「專業投資人」。他們匯集並運用一般個人、富人階級、企業或財團等法人的錢財，藉以獲得酬勞。一般所知，以「〇〇投資顧問」為名者，通常屬於這類範疇。以 A 同學來說，由於他保管他人的錢財，因此必須在相應的規範下操作。這就像銀行保管存錢者的金錢時，須遵守各式各樣的法規。這些法規，主要是為了保護一般個人的利益而存在。雖然新聞上有時會出現「〇〇投資顧問私吞顧客的錢遠走高飛」的情事，但這些規範就是為了避免此類事情頻繁發生。

然而，若規範太過死板，可能會折損投資行動的自由度，反而無法充分發揮解讀力。身為託付的一方，可能會想：「因為 A 同學值得信任，我希望可以讓他充分發揮解讀力。」而 A 同學想必希望自己能置身於有可以自由

操作、充分發揮自己能力的環境。若託付者與被託付者雙方均如此期望，且託付者手頭寬裕（富人階級等），並知曉相關風險（曾有投資經驗的企業或法人等），也許為了這類人士可以放寬規範。於是，被各種意義上的「手頭寬裕者」託付的「專業投資人」，其代名詞就是冠上「避險基金」之名的投資人。

從以上背景可以知道，託付避險基金的人僅限部分富人階級和企業等法人，雖未針對個別投資人播送電視廣告等宣傳，卻因其運用全世界巨額資產而聞名。

最能變現的投資能力

若說避險基金為「可充分活用解讀力的環境」，像 A 同學這樣具備解讀力的投資人，自然會想自己開設避險基金。實際上，許多避險基金的成立，是由於在大型資產運用公司嶄露頭角的明星基金經理人，欲追求更高的自由度和獨立性。現今，避險基金產業本身已蓬勃成長，在一流投資人的避險基金中學習的年輕投資人，接受身為師傅的一流投資人支援而獨立，這樣的情形也增加了。簡直就像是日本的「分暖簾」（編按：一種日本的商店經營形式，

學徒或員工學完自家技術後，被允許使用該店名號或商標獨立開店）就是「出師」、「獨當一面」的意思。

話題回到 A 同學。讓我們假設 A 同學順利開設避險基金，且從富人階級和法人手中籌得 100 億元。A 同學因此能運用大筆金錢，得以盡情發揮自身所擁有的解讀力。託付金錢的富人階級和法人也期待透過 A 同學的解讀力，使自己所託付的金錢能增長。但是，要讓 A 同學運用自己的金錢投資，光是提供 100 億元的資金還不夠。作為給予 A 同學之解讀力的報酬，必須支付手續費。A 同學收取此筆手續費，當作發揮解讀力所需的經費（雇用優秀人才、租借辦公室、出差費用等），同時也當作自己的酬勞。

避險基金的手續費，首先要支付託付資產的 2% 的費用。以這個的例子來說，對方託付了 100 億元，因此每年須支付 2%，就是 2 億元。然後，要支付剩餘收益的 20% 當作進一步的績效費。例如，運用 100 億元，若一年的報酬率為 12%，收益即為 12 億元。12 億元減去手續費 2 億元為 10 億元，須額外支付其中的 20%，也就是 2 億元。因此，此例子中，手續費為針對資產的 2 億元和績效費 2 億元，總計 4 億元，即運用資產的 4%。另一方面，託付的富人階級或法人分到的是，12 億元的收益減去 4 億元

的手續費，為 8 億元，即運用資產的 8%。「2% 的運用資產、20% 的績效費」已成避險基金產業的標準，此手續費體系又稱「2 與 20」。當然，說穿了這是標準型態，依託付資產比例而調整手續費的情況也很常見（例如託付大額金錢時從 2% 降至 1.5% 的做法），或附帶條件的績效費（例如報酬率未達 5% 免附績效費等做法），但基本上都是「2 與 20」的變化形。

此外，非避險基金，而是前面介紹的一般投資顧問或投信公司大多不收績效費，只針對運用資產訂定固定的手續費率。唯個人客戶購買投信等金融商品時，大多會另收申購手續費，林林總總之下，對託付者而言負擔超過 2% 也並不少見。

接著，話題再回到 A 同學，在剛才的例子裡，那些投資人託付 100 億元至 A 同學的避險基金，而假設由自己運用資產時，同樣能達到 12% 的績效，那就能完整保留 12 億元。然而，由於支付了 4 億元的手續費當作託付 A 同學的報酬，手邊剩 8 億元的收益。即便如此，假如放棄自行判讀企業前景，而投資 S&P 500，意即投資美國整體，結果只賺 5 億元，那麼就算要付 A 同學手續費，也仍是託付 A 同學 100 億元為佳。

到此試著整理一遍。

- 解讀力是價值非常高的能力，有些一流投資人會使用解讀力。
- 許多一流投資人，為了充分發揮自身的解讀力，追求自由度和獨立性，因而自行設立避險基金。
- 欲利用一流投資人的解讀力，必須支付手續費作為報酬。
- 避險基金產業的標準手續費為「2 與 20」，手續費絕不便宜。
- 即便如此，若避險基金能不負期待發揮解讀力，達成高收益，對託付者而言，就算支付手續費也有賺頭。

複利的負面威力

換言之，雖然解讀力價值高，但說穿了，還是必須和做為解讀力報酬的手續費做比較思考。例如，一般投資顧問的手續費是否合宜。還有，避險基金的 2 與 20 是否合宜。

再者，更重要的是，複利的威力不僅反映在從投資獲得的收益，也會加諸於手續費。也就是說，持續每年支付

2% 的手續費，收益就相對的持續以複利減少 2%。這大概是複利的負面威力了。

哈佛商學院的課程也將複利的負面威力，當作投資重點提出。舉例來說，在投資的課堂上會出現以下提問。

「假如巴菲特是避險基金，投資人的收益為何？」

由於巴菲特並非避險基金，手續費體系不是 2 與 20，相較之下真的很有良心。例如，據說巴菲特的薪資基本上是 10 萬美元，從他的資產規模來看算是相當廉價。上述提問為假設巴菲特是避險基金，收取 2 與 20 的手續費後有什麼結果？如前所述，巴菲特已公布至今為止的報酬率，因此加上 2 與 20 計算後便能得出答案。

結果如同各位所想。

- 若擁有如巴菲特般的解讀力，投資額經五十年約增至 1.8 萬倍（年增率約 21.6%），投資額經二十年則約增至 11 倍（年增率約 12.8%）。

- 若投資美國整體市場（S&P 500），投資額經五十年約增至 112 倍（年增率約 9.9%），投資額經二十年則約增至 6.5 倍（年增率約 9.9%）。

- 若巴菲特為避險基金，每年收取「2 與 20」的手續費，投資額經五十年約增至 1200 倍（年增率約 15.2%），投資額經二十年則約增至 4.6 倍（年增

率約 7.9%）。

果然，由於手續費經複利的負面威力，資產的增加幅度大量減少。例如，投資巴菲特的投資額本應在五十年成長為 1.8 萬倍，卻因收取 2 與 20 的手續費，而縮水至 1,200 倍（即使如此也確實是巨額收益⋯⋯）。而且，以二十年來看，從 11 倍縮小為 4.6 倍，結果竟低於 S&P 500 的 6.5 倍。縱使擁有再高的解讀力，託付後回到手中的價值卻低於能在 S&P 500 獲得的收益，那麼支付高額手續費的目的就不得而知了。

解讀力具有價值。具有價值的東西皆有價格。可惜，世上沒有白吃的午餐，尤其在投資世界更是如此。

解讀力：創造並擷取附加價值

哈佛商學院視以下觀點為商業的基本概念，並將之徹底傳授給學生。

「創造附加價值，擷取其中部分價值。」（Create value. Then capture that value.）

意即以下重點。

（1）在商業世界中，最重要的是創造（Create）附加價值（Value），首要應傾力為之。

（2）創造附加價值後，應該擷取（Capture）其部分價值。

舉例來說，若某間手機公司經由自家研究與開發，以更便宜的成本製造出相同水準功能的手機，也就是創造出成本變低的價值。該公司應擷取自家所創的「成本變低的價值」，但接下來需思考的重點是，應擷取多少創造出的價值？若將所有成本變低的價值均視為自家利益而擷取，雖然公司會變得富有，但購買手機的用戶將無法擷取其價值。

重點在維持「平衡」

這個「擷取附加價值的平衡點」是持續發展事業的關鍵重點，某種意義上來說也屬於經營「藝術」的世界。哈佛商學院流派的教育手法，就是透過上百件個案研究，試圖將這個經營「藝術」的一部分傳授給學生，並加以實踐。

反過來說，哈佛商學院教導的商業基本概念之「禁

忌」，便是顛倒（1）和（2）的順序。

　　換言之，不可在創造附加價值前，就擷取附加價值。

　　套用剛才手機公司的例子，自己尚未產生任何新的附加價值，卻提高價格，試圖從消費者身上擷取價值，也許這在短期狀況良好，但無法成為長期的商業實務發展。這是因為，不創造新價值卻擷取附加價值，就等同於「零和遊戲」。正如同投資非「零和遊戲」，永續的商業典範不可能變成「零和遊戲」。當然，這世上並非沒有近似「零和遊戲」的事業，在個案研究中也出現好幾次這種失敗例子。

　　如果你發現了這類事業，以投資對象的角度而言，立即捨棄也許是比較明智的做法。不只從金錢上的投資，從時間或職涯上的投資來看也是如此。

　　我之所以會談到這個話題，是因為剛才「假如巴菲特是避險基金」這個提問的精髓，就濃縮於哈佛商學院傳授的商業基本概念裡。巴菲特和前述的 A 同學正以解讀力創造附加價值。此處所稱之附加價值，是相對於沒有解讀力也能得到的價值：超額收益，也就是高於從 S&P 500 能獲得的收益。這個名為超額收益的附加價值，由 A 同學以手續費的形式，然後由資產託付者以扣除手續費後之收益的形式，各自進行擷取。

前面提及，在所謂商業領域中，擷取附加價值時的平衡點帶有藝術的性質，而在投資世界亦同。人稱最具解讀力、在投資業界創造出附加價值的避險基金產業中，才會訂定出「2 與 20」的標準，當作擷取附加價值時的平衡點機制。

「這真的是合適的平衡點嗎？」這個提問是哈佛商學院對所有事業提出的根本性問題。而且，這在投資事業也沒有不同。

然後，也為了回答這個問題，哈佛商學院的教授群聚焦並研究解讀力如何創造附加價值、創造出多少附加價值，以及該附加價值被擷取多少。

多數專家缺乏正確解讀的能力？

而到底專業投資人有沒有在創造附加價值？

前面已提及，即使談論專業投資人，也存在各種類型的玩家，其大致概分為以下三種。

1. 法規嚴謹的投資顧問產業
2. 法規相對鬆散的避險基金產業
3. 銀行、保險公司、年金等其他機構投資人

其中，第三點的「其他機構投資人」，倒不如說是投資顧問產業和避險基金的出資者，因此，說到純粹發揮解讀力，比較偏向第一點的投資顧問產業和第二點的避險基金產業。當然，銀行和保險公司中，也有不少自行投資運用並發揮解讀力的公司。

那麼，關於這方面的研究結果為何？

很可惜的是，號稱最具解讀力的避險基金，對於公布各種數據明顯抱著消極態度，而無法有高可靠度的研究或分析，這是目前的實情。另一方面，在法規嚴謹的美國投信產業，投顧公司有義務將績效等各種數據開誠布公，哈佛商學院教授群也能自由取得數據，因此至今已進行了各式各樣的研究。

這些研究的結論相當簡單。

就是「多數專家沒有解讀力」。

某些專業投資人也許能在某幾年超過 S&P 500 的收益，但能持續多年產生超額收益的專業投資人，卻是極其稀有的少數派。換言之，專業投資人在擷取附加價值之前，並未創造出附加價值。

此外，即使是有在創造附加價值的少數派投資人，一旦扣除手續費，就幾乎沒有附加價值了。也就是說，就算有創造附加價值的專業投資人，該附加價值經過手續費的

擷取，就會被專業投資人自己擷取殆盡，而未落入託付金錢的顧客手中。

這個研究結果在投資業界廣為人知，也和近年指數股票型基金（ETF）變得活躍有所關聯。所謂被動型基金，是受 S&P 500 等指數牽引的商品，就是先前提到「放棄解讀力」的商品。相對來說，其特色就是支付給資產運用公司的手續費低廉。這個想法是，如果使用解讀力無法創造附加價值，那就放棄解讀力，相對的，盡量縮小無論是否有創造附加價值都會被擷取的手續費。以邏輯的角度來看相當合理。

解讀力為何如此珍貴？

那麼，活用解讀力的投資就消失了嗎？這樣的研究結果流傳出去後，靠解讀力吃飯的投資人即使害怕飯碗不保也不稀奇。

然而現實卻相反。

現今，世界各地的投資人正尋求解讀力，以空前的規模將錢投入運用解讀力做生意的避險基金中。將錢投入避險基金的投資人，包含大型機構投資人或富人階級。他們

具備高度金融素養，我們也可以假設他們理當知曉這些研究結果，但他們仍追求解讀力，並賭上自身錢財，這是為什麼？

我認為雖然沒有決定性因素，但至少有以下原因。

說不定正因為這些出資者具備高度金融素養，所以對於「察覺解讀力的覺察力」抱持自信，深信「即使研究結果如此，我也能察覺真正具備解讀力的投資人」。縱使研究結果顯示「專業投資人幾乎沒有解讀力」，也並非表示「不存在具備解讀力的投資人」，只是很稀有罷了。如果出資者真的擁有察覺此類投資人的能力，那這個研究結果也許反而正合己意。

然而，從行為經濟學的研究中可以得知，人類容易高估自身能力，尤其是關於自己專業的領域，因此說不定只是單純的過度自信。行為經濟學中，研究人類的「非理性」如何影響經濟活動，是門比較新的學問，但已發現人類的「非理性」也帶給投資行動很大的影響，稍後將於第三章再做說明。

除了出資者的過度自信，出資者之間的資訊不對稱也是一個原因。舉例來說，投信有義務公布詳細資訊，所以出資者之間得知的資訊很難產生差距。另一方面，避險基金的相關公開資訊有限，因此出資者之間，容易由於得知

的資訊量差距，而產生資訊不對稱。此外，我將於第三章詳細說明，投信產業的基金經理人始終屬於「受雇投資人」，從眾意識強，績效也沒那麼大的差別。另一方面，避險基金屬於「受雇投資人」的成分沒那麼高（並不代表沒有），績效表現的分布較廣，認為自己有解讀力，能夠察覺出有解讀力的投資人的出資者較容易發揮能力，也有這樣的說法。

綜觀以上，確實有諸多說法，在此先撇開不談，我想說的是以下三點。

● 解讀力相當稀有。

● 解讀力可以透過研究與經驗增強能力。

● 具解讀力的投資人少，但渴望放大資產未來價值者眾。

正因珍貴稀少、價值高昂，更想傾力追求，如果說這是人類的天性，那研究者的天性就是嘗試解析這個人類天性了。

解讀力是極其珍稀的能力，關於它的根源，就如同其他重要的商業觀點，哈佛商學院正活用個案研究和論文，將最新穎的研究傳授給學生。

本書將試著仔細介紹有關這個謎團的最新穎研究。

說到「解讀力」，人們容易認為只是擅長判斷要投資「什麼標的」，但哈佛商學院所教的解讀力根源不只如此。除了投資「什麼標的」之外，更要整合思考「如何」投資、「誰在」投資、投資「哪類資金」，以此來判斷一個人是否具有解讀力。

我將一邊介紹哈佛商學院明星教授群的研究，一邊深入這幾個要素。

培育一流投資人的最高殿堂

哈佛商學院

1 哈佛商學院為何能培育出最多金融人才？

哈佛商學院和投資人。

這兩者的組合乍看之下或許有些陌生。如果說「商學院是培育未來經營者的場所」，想必大家都能接受，那如果改說「培訓投資人的場所」呢？

正如「商學院」之名，哈佛商學院是教導商業相關知識的教育機構，但哈佛商學院的使命並非培育經營者。如同本書開頭所述，哈佛商學院的使命是培育「改變世界的領袖」。敲響哈佛商學院大門的年輕專業人士，若正朝著運用所學改變世界的領袖之路邁進，那麼以學校的角度而言，並不會限制領域。

哈佛商學院的校友正以各界領袖之姿持續改變世界。而在這之中，許多領袖活躍於投資這個領域，這是哈佛商學院的特色。有預知次貸危機而獲得史上最高額收益的約翰‧保爾森（John Paulson）、率領世界最大避險基金的瑞‧達利歐（Ray Dalio）、身為激進投資人而經常曝光於媒體的比爾‧艾克曼（Bill Ackman）、包覆著一層神祕

面紗的傳說級投資人賽思・克拉爾曼（Seth Klarman）、企業重組投資方面，在日本也相當知名的親日派人士威爾伯・羅斯（Willbur Ross），實在不勝枚舉。哈佛商學院可謂以世界首屈一指的投資人培訓中心，成功打響名號。

那麼，為什麼哈佛商學院能持續培育出一流投資人呢？關鍵在於商業的基本概念——「需求和供給」。

許多敲響哈佛商學院大門的年輕投資人，感受到投資人這項職業的魅力，試圖在哈佛商學院習得必要經驗並建構社交網絡，畢業後踏入職業境界。對哈佛商學院而言，若此類學生的「需求」高，就隨之投入資源，藉此，有關投資的教育和研究品質等「供給」面也會提升。而且，哈佛商學院校友的社交網絡對於需求（社交網絡品質愈高、愈寬廣，想加入其中的需求就愈高）和供給（一流投資人花費時間在學生身上，或提供捐款等資源給學校，供給品質因而升高）雙方均有極大影響，因而加速了需求和供給的良性循環，哈佛商學院得以保持作為一流投資人培訓中心的地位。

2 哈佛如何養成一流投資人？

首先來談談需求面，也就是關於學生的職業志向。

哈佛商學院的網站公布了近年的畢業生就職數據。如同媒體等單位的印象，最多人前往的產業是「管理顧問」和「金融」產業。許多畢業生進入麥肯錫、波士頓諮詢公司、貝恩管理顧問公司等大型策略顧問公司就職，人數約占兩成，數值變遷相對穩定。在美國，取這三間熱門公司的第一個字母，人稱「MBB」。

另一方面，以往「金融」產業占哈佛商學院生任職產業的四成多，但現在卻減少至三成左右。2008年金融危機使得整體產業縮小，這是很大的原因，不過其在哈佛商學院畢業生任職的產業中，仍占最大的比例。而且，雖說任職「金融」產業的比例減少了，主要是因為進入投資銀行等所謂「賣方（sell side）」就職的人變少。

賣方，其名來自英文的「sell」（販賣），主要是指販賣金融商品給法人顧客、提供併購相關諮詢服務等金融服務的金融產業玩家。另一方面，進行投資、向賣方購買金融商品、接受金融服務的資產運用公司、避險基金、私

募股權基金等市場參與者，則取自英文的「buy」（購買），稱作「買方（buy side）」。

從數據來看，可以知道任職於買方的人數並隨之減少。舉例來說，2014 年的數據顯示，資產運用公司、避險基金、私募股權基金、創業投資這些「買方」的比例總和為 25%，高於「管理顧問」的 23%，成為最受歡迎的產業。

此外，近年高科技產業作為任職產業的人氣指數急遽上升。從 Apple、Google、Amazon、Facebook 等「大公司」，到規模仍小的新創公司，廣泛受到哈佛商學院生歡迎。但這是否為中長期趨勢，抑或暫時的風潮？結論尚未出現。

哈佛商學院畢業生的就職趨勢就是當時的泡沫預告指標，這個說法在哈佛商學院畢業生之間常成為話題。參考 2007 年或 2008 年往金融產業就職的數據，對照最近往高科技產業就職的數據，也有畢業生警惕「科技泡沫」的存在。雖然不繼續追蹤便無法知道實際情形為何，但我認為這個趨勢值得追蹤觀察。

已經明白身為「買方」的職業相當吸引哈佛商學院生了，但為什麼「買方」本身如此受歡迎？

其中一個原因要提到哈佛商學院生的職涯背景。

產學融合的最高殿堂

多數哈佛商學院生是在大學畢業後，經歷管理顧問公司或大型投資銀行的「新人分析師課程」而到 MBA 留學。所謂新人分析師課程，是專為剛畢業的新人準備的兩年課程，會徹底傳授身為顧問或投資銀行員的基礎知識。分析師課程結束後，有人會升職繼續擔任顧問或投資銀行員，也有人會轉職至其他產業或公司，但多數哈佛商學院生經歷該課程後，會累積三至五年的工作經驗再攻讀 MBA。

因此，多數哈佛商學院生都擁有顧問或投資銀行其中一種經驗，甚至兩種都有。對這些學生而言，在思考下一個職涯階段時，考量自身經驗與在 MBA 可以學到的技能，會覺得「買方」的職業很迷人。

例如，對曾擔任顧問的學生而言，會認為私募股權基金產業很吸引人。他可以透過在 MBA 習得的金融知識，運用管理和金融兩種技能。私募股權基金產業會接觸未掛牌公司，多伴隨企業重組，因此能確實活用顧問和金融兩種技能，這是這類業務給人的印象。

同樣的，對曾任職於投資銀行的學生而言，也會認為私募股權基金產業很吸引人。他可以透過在 MBA 習得的經營理論知識，運用管理和金融兩種技能。另外，也有哈

佛商學院生更進一步在 MBA 鑽研金融知識，將目標放在資產運用公司或避險基金。許多資產運用公司和避險基金會要求求職者在 MBA 之前必須有金融產業的職務經驗，一些在校生認為，相較於私募股權基金也接受管理顧問經驗，資產運用公司和避險基金的門檻較高。由於這樣的情形，私募股權基金產業比資產運用公司和避險基金更受在校生歡迎，但即使如此，最終就職數據上的比例相差不大，顯示兩者都是求職窄門。

順道一提，對管理顧問公司和投資銀行而言，「買方」常常是顧客。而多數學生似乎在經歷了就讀 MBA 以前的各種職場經驗後（當然也包含不好的經驗），希望轉職至進行購買的「買方」，而非提供服務的「賣方」，並帶著這樣的理想入學。

本書並未將私募股權基金產業納入討論範圍，始終以投資上市上櫃企業的資產運用公司和避險基金的解讀力研究為中心做介紹，但想必各位已稍微能體會「投資人」這個職業極受歡迎的原因了。

來自哈佛商學院的眾多一流投資人形成哈佛社交網絡，並將之運用於投資。對於立志成為職業投資人的哈佛商學院在校生而言，這個社交網絡是終其一生的強力武器。詳細內容將於第三章講述，不過我可以說，一流投資

人也運用哈佛社交網絡打敗對手並提升投資績效。

　　對哈佛商學院的在校生來說，他們與一流投資人的距離之近，是入學前所想像不到的。畢業自哈佛商學院的一流投資人會出現在課堂上，成為個案研究的主角，和學生一同討論，這是家常便飯。在演講後或私底下的聚餐場合，也有非常多的機會讓一流投資人與學生聚集成小團體深入交談。在校生可以藉由這樣的機會，學習一流投資人的經驗和人生觀，立志成為職業投資人的理由也會慢慢改變。換言之，入學前所抱持的目標：「融合職涯背景和MBA所學」，也就是某種意義上「合乎邏輯的」目標，漸漸轉變為更為內化的、無法言說的、身為投資人的「生活方式」。筆者也是經歷了這種進化的其中一人。

全球最頂尖金融人脈集散地

　　這種關係以一流投資人而言，算是「對後輩及下個世代的經驗傳承」，可以說付出善意的面向較大，但對他們來說，這也帶有極具意義的一面。例如，哈佛商學院中不只有未來投資人，還有有許多涵蓋各種產業的「新興人才」。在校生從哈佛商學院畢業後，隨著他們出人頭地，

說不定能與一流投資人建立對事業有益的關係。換言之，對一流投資人而言，花費時間在哈佛商學院生身上，可以說是一種「事先投資」。

再者，這麼做也有網羅人才的作用。說到一流投資人，若為避險基金，旗下團隊為少數菁英，許多基金實際上一年只錄取一位求職者，甚至不錄取。因此，避險基金對哈佛商學院生來說也是窄門，但在這種需求（避險基金的求職者）大幅超過供給（避險基金的職缺）的就業市場中，基金方面為了不讓自己陷入求職者人潮裡，會藉由私底下的交流等方式，花時間以自己的眼光挑選求職者，這是不容忽視的優點。聽說有些基金創辦人畢業自哈佛商學院，並將錄取對象限縮至哈佛商學院生，或許就是來自這樣的背景。

3 哈佛商學院課程設計的 核心概念

　　到目前為止，我已經介紹了哈佛商學院身為投資人培訓中心，培育了無數一流投資人，並且不斷有學生為了踏上職業投資人之路，敲響哈佛商學院的大門並展翅學飛。

　　接下來，我想談談哈佛商學院身為投資人培訓中心的「供給」面，也就是哈佛商學院的投資課程架構和明星教授群。

建立最完整經營者思維

　　首先，簡單說明哈佛商學院的投資課程架構。

　　哈佛商學院生在一年級只有必修科目，二年級則為選修制。藉由修習相同科目，讓所有人在第一年就打好成為領袖所需的基礎，第二年則配合自己的職涯規劃提升專業度。

　　第一年的必修科目中，有兩個科目是金融類。但與其

說是投資，其核心更偏向企業金融學的知識。也就是說，這些課程的目的在於，讓未來擔任執行長（CEO）的學生，能談論自家公司需要周轉多少資金，或自家公司有多少企業價值這類的話題。套用某位教授的言論，「CEO所需的理解能力，就是能理解財務長（CFO）所說的話，並能指示財務策略的方向即可。細節交給CFO就行了。」而計算企業價值的技術，當然對投資有極大幫助。

此外，哈佛商學院的課程以「個案教學法」為中心進行是廣為人知的事。若要簡單說明教學形式，就是讓學生精讀事前發下的個案研究資料，然後站在主角的立場思考決策，並在課堂中和大家一同議論。而教授的角色則是在一旁引導學生議論，並帶出該個案的「新知（學習重點）」，或許可以比擬為交響樂團的指揮大師。藉由累積這些「新知」，學生得以習得商業架構，並能將之活用於商業領域中的各種判斷。

另一方面，我時常會聽到有人說：「金融或投資這類的課程不太適合個案教學法吧？」

金融相關課程充斥著公式和計算，的確會帶給人這種感受。然而，就如同CEO在做經營判斷時沒有「標準答案」，現實世界中，投資人進行投資判斷時也沒有「標準答案」。正因為沒有「標準答案」，個案教學法讓學生就

事實和數據進行議論，以訓練判斷力，相較於講課形式，或許這才是更有效的教學方法。

　　無論進行經營判斷或投資判斷的議論，都必須基於事實與數據來建立自己的邏輯思緒再進行判斷，並用該判斷說服經營會議或投資委員會與會者。在哈佛商學院，學生透過數以百計的個案研究，反覆數百次的模擬判斷，以訓練判斷力。

哈佛商學院最受歡迎的一堂課

　　到第二年，立志成為基金經理人的學生以一年級所學的知識為基礎，在選修課程中鑽研哈佛商學院最先進的投資研究。而在眾多投資相關選修課程中，「解讀力」的課程極受在校生歡迎。該課程為明星教授群所開設，挑戰解開投資業界最大的謎團：「解讀力」。

　　本書主要介紹代表上述明星教授群的三位年輕教授的最新穎研究。

- 克里斯多福・麥羅伊（Christopher J. Malloy）教授
- 勞倫・柯恩（Lauren Cohan）教授
- 羅賓・葛林伍德（Robin Greenwood）教授

這三位教授都是筆者在學時曾受教的投資恩師。葛林伍德教授在 2012 年、麥羅伊教授在 2013 年、柯恩教授在 2014 年升上哈佛商學院教授，都是年輕時就獲得這個榮譽地位，儼然是哈佛商學院的年輕王牌。要升任哈佛商學院教授職，在自身領域提出最頂尖的研究成果固然相當重要，但僅止如此並無法升上教授。不僅在學會上要表現出色，在教室中的表現也占了很大的因素。換言之，哈佛商學院教授必須肩負個案教學法的指揮大師角色，提供學生高品質的教學，並獲得學生支持。

首先從三位教授的經歷開始介紹。

前兩位麥羅伊教授與柯恩教授，從論文、個案研究至授課均共同進行，常一起被提及。

麥羅伊教授在 2003 年於芝加哥大學取得博士學位，歷經倫敦大學教職，在 2007 年來到哈佛大學任教。自助理教授時期起，便陸續撰寫出劃時代的論文和個案研究，獲得了許多獎項。在 2013 年，年紀輕輕便榮升教授。身材高碩，在課堂上也勤於走動，完全可以想像其年少時曾為籃球選手的軼事。講話速度快，對於學生的意見會夾雜玩笑和吐槽，是相當平易近人的老師。

柯恩教授在 2005 年同樣於芝加哥大學取得博士學位，歷經耶魯大學教職，同樣在 2007 年來到哈佛大學任教。

自助理教授時期起，便和麥羅伊教授共同撰寫無數論文和個案研究，獲得了許多獎項。他也在 2014 年，年紀輕輕榮升教授。教授就讀大學時是代表美國的舉重選手，奔走於全美國，這樣的經歷簡直完全不像學者。現在仍以體育選手的身分投注心力於舉重，在課堂上也常講述擔任選手時的趣事。另一方面，如此「運動風」的柯恩教授，會在上課時提及家中年幼小孩的話題緩和氣氛，這樣的反差相當受學生歡迎。

如同前述，兩位教授皆於芝加哥大學取得博士學位。說到芝加哥大學，就會想起知名投資理論大家——尤金·法馬（Eugene Fama）教授，他在 2013 年榮獲諾貝爾經濟學獎。法馬教授的理論，一言以蔽之就是「這世界不存在解讀力」。兩位教授雖然身為愛徒，卻抱持著和師父有些不同的想法。換言之，他們認為「解讀力確實罕見，但若能解開解讀力的要素，就能大幅提高收益」。

解讀力的三本柱

麥羅伊教授和柯恩教授為挑戰解讀力之謎，聚焦在「消息流動」和「社交網絡」。例如，驗證「哈佛社交網

絡是否為解讀力的根源」等假說。我將於第三章詳細介紹這些理論。

葛林伍德教授自麻省理工學院（MIT）畢業後，於哈佛大學取得經濟學博士學位，並就此任教於哈佛商學院，且於 2012 年升為教授。曾居住於日本，因此也以日本市場為研究對象，撰寫許多關於日本的個案研究。

葛林伍德教授為挑戰解讀力之謎，而聚焦在「人類的認知偏誤和誘因」。法馬教授的理論和大部分的經濟理論均以「人類是理性的」為前提，但行為經濟學認為未必如此，這個相對新興的理論，代表著近年的潮流。葛林伍德教授將之應用於解開解讀力之謎。例如，驗證「市場是否會由於人類非理性的行動而產生一物二價」等假說。我也將於第三章詳細介紹這些理論。

4 強強聯手，一流投資人與明星教授

　　麥羅伊教授、柯恩教授和葛林伍德教授三人的共同點，就是和一流投資人的感情要好。和他們交談時，時常會聽到他們提起一流投資人，可以知道他們於公於私均建立了良好的關係。最能證明這點的是，課堂上出現的個案研究主角──一流投資人，這些人大多是他們的「朋友」。登場的投資人並不限於哈佛商學院的校友，而且，那些主角會實際成為來賓來到課堂上，慎重的回答我們這些投資見習生的提問。對在校生而言，這是至高無上的學習環境，也是哈佛商學院吸引投資見習生的一大因素。

　　教授群與投資人關係良好，當然也有一些英雄惜英雄的意味，不過我認為最大的原因，還是因為這是一個雙贏的關係。對教授而言，知名投資人的投資行動或想法，可以成為個案研究或論文的題材，是絕佳的研究材料。另一方面，對投資人而言，能及時取得哈佛商學院最新穎的研究，藉此進行領先他人的投資。其實，我們也很常看到哈佛商學院的教授，以顧問角色參與舊友創辦的避險基金。

麥羅伊教授和柯恩教授將自己的論文，當作課堂預習資料。他們常半開玩笑的說：「一般人根本沒在讀我們寫的論文。」但每當他們一發表新的論文，馬上就會有不認識的避險基金打電話過來。

　　一流投資人和明星教授群雙方試圖建立起穩固的社交網絡，簡直可以說麥羅伊教授和柯恩教授正親自實踐他們所提倡的「活用社交網絡」。這個社交網絡強力促成一流投資人的驚人表現，以及明星教授群的劃時代研究成果。

5 投資人需要讀 MBA 嗎？

　　在離開「身為投資人培訓中心的哈佛商學院」這個話題前，我想針對「要成為專業投資人，需要讀哈佛商學院的 MBA 嗎？」這個常見問題提出自己的想法。無論在學時還是畢業後的現在，我常和哈佛商學院的友人討論到這個問題。

　　在哈佛商學院這個地方雖然可以學習最新穎的投資技術，但並不算是金融專業課程。在美國的一流大學中，也有大學提供金融專業的碩士或博士課程，且擁有完備的環境，讓學生習得更具技術性的技能。而且，要成為投資人，學位和證照本來就不是必要條件，這和律師、會計師、醫師等職業不同。因此也有人認為，與其中斷具專業性的職業而攻讀 MBA，還不如以見習之類的形式，進入資產運用公司累積經驗，較能有所成長。

　　但是，若要舉出在哈佛商學院攻讀 MBA 的優點，除了能學習最新穎的投資技術外，還有 可以與同桌議論的同伴建立起穩固的「社交網絡」，以及 透過多元的課程和多達五百件的個案研究，即使在課桌上也能體會「經營

者的眼界」，並培養「領導能力」。

　　有關上述兩項優點，在哈佛商學院得到的「社交網絡」的功效和「解讀力」的研究有關，因此這點將於後面章節說明，在此則談談後者──「經營者的眼界」和「領導能力」。

　　對投資人而言，乍看之下似乎和「經營者的眼界」沒有關係，但其實這是非常重要的觀點，因為投資人的投資標的大多是企業。持有股票也就是成為該企業的買主。身為企業買主的股東，將自身的資產，也就是企業的營運權託付給身為企業領袖的經營者。因此可以說，若無法站在經營者的立場思考，就難以成為優秀的投資人。

練習從經營者角度判斷價值

　　在哈佛商學院會針對經營者遇到的種種難題，透過無數次的個案研究來訓練判斷力。針對經營者所面臨的種種難題，慎重思考、議論並判斷（雖然在教室中進行），有沒有這樣的經驗，將在投資人與經營者交手時形成差距。

　　投資人和經營者雖然立場互異但同為專業人士。如同投資人為了看準投資對象，會去判斷經營者的能力，經營

者同樣也會抓緊機會，判斷投資人的實力。身為企業買主的股東和身為企業領袖的經營者，將擁有共通的眼界，一同揮灑汗水、引領公司成長，對雙方而言可以說是雙贏的關係。

投資人能從「經營者的眼界」觀看事物，企業的買主和企業的領袖擁有一致的方向，這從提升企業價值的觀點來看也是令人希冀之事。而提升企業價值也攸關投資人的成功。

若追究這個「經營者的眼界」其源頭為何，就會追溯至「領導能力」。

投資人和領導能力乍看之下似乎也沒有關係，但我認為對一流投資人而言相當必要。因為一流投資人再怎麼擁有解讀力，也難以憑一己之力發揮解讀力。商業世界的超凡經營者也非獨自行動，而是建構穩固的組織，驅使其領導能力來牽引團隊。同樣的，一流投資人也為了運用巨額資金，建構起穩固的組織，驅使其領導能力來牽引團隊，而得以將解讀力發揮至極致。

話說回來，什麼是領導能力？在哈佛商學院的 Leadership and Corporate Accountability（LCA）這門必修課程中，我學到「所謂領導能力就是完成責任」。不是職業、職務或地位，而是完成責任。而且，不僅要完成法律層面

的責任，也要完成道義層面的責任。對我來說，甚至要創造出附加價值，才算是真正完成了責任。

換言之，對哈佛商學院來說，所謂的領導能力，就是完美均衡，並實現法律、道義、創造附加價值這三項責任。這當然不是一件容易的事。在 LCA 這門課程中，透過個案研究，我們可以了解這是多麼困難的事。正因為困難，才會成為哈佛商學院少數的必修科目。

用經營者的高度，更能掌握企業的附加價值

當然，只有領導能力仍無法成為投資人，但沒有領導能力也不可能成為投資人。而哈佛商學院正以傳授領導能力為使命，我想就是因為如此，才會吸引許多投資見習生。哈佛商學院的課程並非金融專業課程，但正因主題相對廣泛，才能培養經營者和領袖所需的開闊觀點。哈佛商學院的使命是「培育出改變世界的領袖」，若除去領導能力，將無法談論 MBA 和哈佛商學院。

在此想先聲明，即使取得哈佛商學院的 MBA 學位，也未必能成為一流的投資人或經營者。我想傳達的觀念

是，若要比較擁有哈佛商學院經營者培訓經歷的投資人，和沒有此般經歷的投資人，差別就在於「經營者的眼界」和「領導能力」的習得程度。在哈佛商學院以外的地方當然也能培養領導能力。但是哈佛商學院能同時增長解讀力和領導能力，確實稱得上是最棒的投資人培訓中心。

在這層意義上，我對於本節開頭的問題所做的回答如下。

「哈佛商學院的 MBA 並非成為專業投資人的必要條件，但卻是投資人非常強力的武器。」

Chapter

3

哈佛商學院的
經典投資策略

用市場解讀力，洞察價值

1 哈佛明星教授的絕學：
市場解讀模型

　　在哈佛商學院的課程中，教授像指揮大師般，引導學生議論、學習新知，帶領學生習得在經營上有效判斷所不可或缺的架構。但這始終是判斷的基礎架構，並不是個案研究的答案。話說回來，就像現實中的經營判斷並沒有標準答案，個案研究也沒有標準答案。

　　哈佛商學院的投資課程亦如是，教授最終只是引導投資新手理解投資判斷的架構。因為，和商業世界一樣，投資的世界也沒有標準答案，當然就不會提出「這個投資策略是標準答案」、「投資這間公司就是標準答案」之類的直白「答案」，因為本來就不存在那種東西。

　　哈佛商學院的畢業生必須將所學的架構當作提示，自行思考、判斷、行動。因此，即使運用相同的架構，判斷結果也因人而異。投資決策和解讀力亦然。

　　接下來將介紹來自哈佛商學院，這群明星教授最重要的投資研究，但這些始終屬於架構。它們無法迅速告訴我們投資的「標準答案」，而且遺憾的是，這世界本來就不

存在這種標準答案。反過來說，對於聲稱有標準答案的人，也許就要多加注意比較好。

此外，我將於第四章講述如何將這些最經典的研究，應用於日常投資。

雖然前言稍嫌冗長，但在進入哈佛商學院最新穎的研究之前，容我再說一件事。即使在哈佛商學院的課程中，起初也是運用傳承已久的傳統個案研究，來打下學生在這個科目的基礎。而投資課程當然也遵照相同的流程。在運動領域中，「穩固下盤」為首要大事，而無論在商業領域或是投資領域也是如此。

本書也想在此針對「解讀力」稍微穩固下盤，因此請繼續閱讀下去。我想簡單介紹承繼自傳統的解讀力根源。

與其重押知名企業，不如發掘隱形冠軍

各位選擇存款銀行的標準是什麼？

- 「曾在電視廣告上看過、聽過。」基於品牌力
- 「因為感覺不會倒閉。」基於財務健全度
- 「因為住家附近有分行。」基於便利性

這些都是很合理的理由。其實，正因為許多以儲蓄為主要理財管道的人多半是這樣想的，銀行才會在交通方便的地方開分行、拍電視廣告、強調財務能力。

投資對象也是一樣。我們在決定投資對象時，也同樣傾向選擇「曾看過、聽過的企業」、「感覺不會倒閉的企業」、「容易取得其商品或服務的企業」。換言之，我們傾向選擇「感覺比較親近的」大企業，而非「名不經傳」的企業。

存款，在某種意義上來說是保障資產的手段，也許上述的標準對於這個手段很有效。即使在不知名的銀行存錢，附加的利息也寥寥無幾。既然如此，就算利息低，選擇「曾聽過」、令人安心的銀行說不定還比較值得。唯股票投資的情況稍加不同，反而投資「名不經傳」的企業時，其報酬可能遠遠超乎預期。

名不見經傳的企業，為何反而更受青睞？

其實，至今的研究結果顯示，比起投資知名大企業的股票（大型股），投資不知名的小規模企業的股票（小型股：市值相對較小的上市上櫃股票）在長期的表現反而更能超乎投資人的預期。

關於這個現象，我們可以想出各種原因。

1. 資訊不對稱

　　許多證券分析師和股市相關人士會追蹤大型股的動向，另一方面，他們相對較不追蹤小型股的動向，也因此小型股的消息較少傳達至投資人耳中。所以，比起投資大型股，具備解讀力的投資人更能在小型股發揮實力，透過資訊不對等從中找到獲利金鑰。

2. 風險有別

　　小型股的風險本來就比較高，如果投資不會獲得相應的高報酬，投資人就不會投資。因此，往往會有相應的高收益。

　　我們心目中的超級巨星巴菲特在起步時也投資小型股，而得以發揮解讀力，獲得極大成功。如今，他所運用的金額規模太大了，即使投資小型股，能影響整體運用金額的收益效果太小，因此到了後期，他逐漸改變投資策略，從別人不要的「菸蒂股」轉向市場上的明星標的，目前主要投資大企業。然而，他曾明確表示，若沒有這樣的限制，現在也還是偏好小型股。

　　當然不只巴菲特注意到這個現象，許多基金經理人為了發揮解讀力而偏好投資小型股。可能因為如此，有人認為這個現象為績效表現帶來的影響程度比過去薄弱。

與其追逐當紅明星標的，
不如聚焦退燒績優股

說到投資小規模的企業，請容我在此介紹一份很有趣的統計資料。

據統計指出，哈佛商學院半數的校友，會在畢業後十五年內創業。

這其來有自，在美國，於大企業成功者和創業成功者會得到社會的同等敬意，或是可以說後者更能得到敬意。當然，這份統計資料想必也包括許多早期在大企業成功後，才獨立創業的校友，所以野心較大的人兩者都可能達成。成功之所以為成功，其道理近似投資的複利原理，我們可以稱其為「成功的複利威力」。

在此，我們來進行一項個案研究。假設你剛創業，前提如下。

- 你出資並向家人募資共 100 萬元，因此你和家人成為新公司的股東。
- 向銀行借貸 100 萬元。利息為 10%（每年 10 萬元）。
- 將以上兩者相加，資本為 200 萬元。將之投資至新公司的事業。

那麼，接下來的問題是：現在，你和家人所持有的股票具有多少價值？

- 若新公司的事業價值和投資的金額相同，賣掉該事業時，應當能拿回原本的 200 萬元（現實中可能很困難，不過假設存在買主）。
- 那 200 萬元中，還清 100 萬元的借款後，剩下的 100 萬元留給股東。
- 因此，股票的價值為 100 萬元。

綜觀以上，現在所持有的資產中，還清借款後留在手上的價值，稱之為「資產淨值」。

但是，股票的價值真的是 100 萬元嗎？若這項事業未來會產生龐大收益，股票的價值應該會變高。

- 假設隔年，該事業製造了 20 萬元的盈餘。
- 20 萬元的盈餘中，支付借款利息（10%）10 萬元。
- 剩下的 10 萬元留給股東成為其盈餘（保留盈餘、稅金等影響省略不談）。
- 因此，留給股東的資產淨值增加了 10 萬元盈餘，即 110 萬元。

在市場交易的股價也像這個例子般，預想其事業未來

收益而形成價格。也就是說，總結這兩個例子，股票的價格取決於未來的資產淨值 110 萬元，而非現在的資產淨值 100 萬元。因此，預想未來將大幅成長的公司，其未來的資產淨值將比現在的資產淨值高，所以股價也比現在的資產淨值高。這個股價和資產淨值的比率稱為股價淨值比，英文是「Price-to-Book Ratio」簡稱 PBR。

在這個例子中，假設市場考量未來的資產淨值為 110 萬元，而讓股價為 110 萬元，由於現在的資產淨值是 100 萬元，110 萬元除以 100 萬元，其 PBR 為 1.1 倍。一般來說，PBR 愈高的公司，股票市場預測其未來成長愈高。

這類指標中還有一項稱為本益比的指標。英文是 Price-to-Earnings Ratio，簡稱 P/E 或 PER。和 PBR 只有中間的文字不同，有點容易搞混，不過這個指標代表的是股價和盈餘的倍率（P/E 的 E）。在這個例子中，盈餘為 10 萬元，股價為 110 萬元，因此用 110 萬元除以 10 萬元，得出 11 倍。和 PBR 一樣，這個比率高，表示市場認為未來盈餘會成長。

P/E 與 PBR 在評比投資對象時大有幫助，但同時，若事先了解這兩項指標的限制，能更有效的運用它們。由於 P/E 以當年的盈餘為基準，盈餘不佳或每年盈餘忽大忽小的公司常難以適用。而關於 PBR，如同前述例子，在計

算前必須算出某個時間點下該事業的清算價值。然而，即使要認真計算完全賣掉事業可得到的價值，在現實中卻很難得出精準的數字。

PBR 和 P/E 明顯高於市場平均的企業，大多是現在受市場關注的「發燒」企業。因為它們是市場的「明星」，被預想未來有高成長率。股票市場也被稱作企業的「人氣投票」場所，投資人可以說是藉由買進股票，參加這場人氣投票。得票率高的企業，其股票熱賣，因此股價上揚。在日本，會稱受歡迎的「發燒」名人「股價上揚」，但是受歡迎的「發燒」企業，其股價會真的上揚。

那麼，反過來說，PBR 低於市場平均的企業是什麼樣的企業？若這種企業單純與 PBR 高的企業相反，那就是「退燒」企業，但這其實是程度的問題。舉例來說，已成熟的企業，未來盈餘的成長曲線自然會趨於平緩。其未來的價值也因此容易解讀，是股價穩定的因素。換言之，PBR 低，或成長曲線平緩，對投資人來說未必都不適合投資。

PBR 也有低於 1 的時候。PBR 低於 1 表示現在的股價低於資產淨值。這便透露出市場預測「這間企業未來的價值（股價）比現在的價值（資產淨值）低」。

讓我們將低於 1 的 PBR 套入方才的例子。很大的差

別在於，未來會產生盈餘還是產生損失這點。

- 假設年初的資產淨值為 100 萬元。
- 假設隔年相同的時間點下，該事業出現 20 萬元的虧損。
- 支付借款利息（10%）10 萬元。
- 資產淨值扣除虧損的 20 萬元和支付的利息 10 萬元。
- 因此，扣除虧損的 20 萬元和支付的利息 10 萬元後，留給股東的資產淨值為 70 萬元。

若市場預測資產淨值會減少，股價便基於此，變為 70 萬元。現在的資產淨值是 100 萬元，因此股價淨值比為 0.7 倍。換言之，PBR 低於 1 的企業別說未來會成長了，其資產淨值減少的風險反而相當高。

接下來總結一下以上內容。

- PBR 高的企業是被預估高成長率的「發燒」企業。
- PBR 近於 1 或沒那麼高的企業也許非「發燒」企業，但卻是被預估平緩成長的企業。
- PBR 低於 1 的企業別說會成長了，其資產淨值減少的風險反而相當高。

成長股與價值股

但是，股票市場並非全能，股價本身很有可能錯判情勢。正如巴菲特所言，「價格是你付出的，價值才是你得到的。」價格和價值並不同。股票市場有極高可能性搞錯一間企業的價值與價格。

例如，PBR 高的企業未來也未必能成長至該數值。另外，PBR 低於 1 的企業，其資產淨值說不定也不會如同股價所揭示般損失這麼多。股價最終都是「人氣投票」，無論正面或負面，都常過度反應。這反而也是發揮解讀力的機會。

此外，PBR 高、預估有高成長率的企業一般稱為成長股（growth stocks）。另一方面，PBR 低的股票稱為價值股（value stocks）。Value 在英文就是「價值」的意思。投資業界中，經常將兩者當作相對的概念，像是談論「現在應投資價值股還是成長股」這樣的話題。

以上前言相當冗長，接下來是本節主題。至今的研究中，投資價值股與成長股，哪一方的表現較優異呢？

答案是價值股。長期來看，PBR 低的股票表現較 PBR 高的股票優異。

關於這個現象，可以思考各種原因。

1. PBR 高的個股過度反應

「發燒」企業的股價比較容易過度反應。換言之，相較於看準「退燒」企業的成長率，看準「發燒」企業的成長率比較困難。

2. PBR 低的個股過度反應

PBR 越是低於 1 的企業，在這場「人氣投票」中，市場往往過度低估，不受投資人歡迎的企業成長率。

3. 風險有別

PBR 極低的個股，其資產淨值減少的可能性本來就比較高。所以，如果投資該個股無法獲得相應的高報酬，投資人就不會投資。就結果來看，反而會有相應的高收益。

基於此研究結果，許多投資人偏好價值股，巴菲特也是具代表性的價值股投資人。

此外，長期來看，價值股的表現會優於成長股，然而短期來看，這種關係時常翻轉。例如 1990 年代後期，是美國網路泡沫化時期。資訊產業正「發燒」，以其為主的成長股表現大幅優於價值股。然而網路泡沫破滅後，「發燒」成長股大幅崩盤。

與其執著牛皮股，不如分散投資動能股

剛才提到，股價是一種「人氣投票」。在股票市場，當企業的受歡迎度上升，股價短期上漲機率的「動能」也會增加。這就像是，演藝人員開始小有名氣時，有人是一步一腳印的發展起來，但大多數是由於某個契機而突然走紅。

至今的研究認為，投資股價具有「動能」的企業，績效將優於投資沒有「動能」的企業。「動能」這個詞在英文中為「momentum」，因此也稱為「動能效應」。享有「動能效應」的股票稱為「動能股」。

常有人將動能股和方才介紹的成長股混為一談，這是因為很多動能股同時也是成長股。由於市場預估成長率高的成長股本來就容易引發熱議，一抓到機會就能輕易讓股價具有上漲動能。

但是，並非只有成長股能被定義為「動能股」。價值股也常由於某個契機引發熱議，而提升股價上漲機率，經過同樣的過程成為動能股。舉例來說，媒體報導巴菲特投資了某支價值股，那支股票引發熱議，價值股以此為契機而成為動能股。這就像原本業界認為有潛力的演藝人員如預期走紅，或是走下坡的演藝人員再度走紅，兩者都是有

可能發生的現象，這與動能股有異曲同工之妙。

　　發生動能效應的原因其實尚未明朗。只因為上週或上個月的股價大幅上漲，該企業的股價就有很大的機會在下週或下個月也上漲，其背後邏輯很難準確說明。研究者們提出的成因中最有力的說法是「人類的非理性」。這個想法是，若全體人類都具有理性，這個現象就很難發生，但因為現實世界的人類並非全然理性，所以就發生了乍看之下難以說明的現象。關於「人類的非理性」如何影響投資，我將於本章後面的小節詳細說明。

解讀市場的三大效應

　　總結以上，我介紹了「小型股效應」、「價值股效應」、「動能股效應」這三項解讀力的根源。這三項解讀力根源，可以說已經藉由過去的研究稍微「解開」了市場的謎團，儼然是解讀力的基礎。

　　然後，接下來要介紹的各項最新穎的研究，都是以這三個效應存在為前提。因為只有在這三個效應之上的附加價值，才能稱作是研究成果。

　　例如，假設某位研究者提出，有一項「根源X」為投

資人解讀力的根源，並進行假說檢驗。大致的流程如下，此過程本身就如同理科實驗。

- 將有根源 X 的投資人團體 A，與未擁有此 X 要素的投資人團體 B 的投資績效互相比較。盡可能讓 A 與 B 在 X 以外保持相同要素。

- 假設，比較完 A 與 B 的投資績效後，得出 A 比較優異。

- 分析 A 比較優異的原因。首先，必須檢驗「小型股效應」、「價值股效應」、「動能股效應」是否夾雜於其原因中。若原因中含有這些效應，必須予以去除。除此之外，研究者也會去除特定根源 X 以外的因素。

- A 的績效會超過 B，可能有很多要素。因此接下來，在這些因素中，必須測量出根源 X 所影響的部分。透過這個過程，若根源 X 的影響程度並未消失，反而可經由統計證明其顯著存在，就可以主張 X 是解讀力的根源。

要證明一項要素為解讀力的根源，都必須經歷上述這段驗證的過程。那麼，接下來就要介紹已驗證過的重要研究了。

2

哈佛商學院最經典的研究案例（一）

投資「什麼標的」？
——掌控消息者掌控投資

消息依取得方法形成差距

說到解讀力，首先會想到投資「什麼標的」，所以就先從這項開始談起。投資「什麼標的」的解讀力根源，重點在於消息的取得方法和解讀方法，儼然就是掌控消息者掌控投資。

那麼先從消息的取得方法開始。

▌消息靠雙腳獲取

「消息乃命脈。」

相信各位都曾聽過這句話，這是適用於許多領域的通用格言，商業、政治、運動，投資當然亦如此。

那麼，說到消息的重要性，各位是否看過美國名電影《回到未來》系列？它是一系列的動作片，故事圍繞著汽車造型的「時光機」，而展開各式各樣的情節。在第二集

中，主角馬帝的死對頭畢夫拿到運動年鑑，成功的傳送給過去的自己。馬帝回到未來後，由於過去的畢夫將這本未來的運動年鑑運用在賭博上，於是在未來成了大富翁。馬帝使用時光機再度回到過去，試圖拿回那本書。

投資不是賭博，但假如你能「預測未來」，就能成為大富翁，這一點是相通的。不知幸或不幸，要運用市場來成為大富翁，不需要特別知道二十年後的事。比市場早一點點知道可能牽動股價的「重大消息」就行了。然後，基於這個消息先買進股票，就幾乎確定能提升收益。

那麼，這裡所說的關鍵：「重大消息」，具體而言指的是什麼？一言以蔽之，就是「可能大幅牽動股價的事前消息」。但這麼一來其定義就有邏輯先後的問題了，因此容我提出具體例子。

1. 財報公布前的消息
2. 新品發表前的消息
3. 併購前的消息
4. 確定推展新事業前的消息
5. 醜聞爆發前的消息
6. 經營團隊交接前的消息

這些消息除了會大幅牽動企業股價，還是發布至市場

前，只有該企業經營團隊的部分相關人士才知曉的消息。這些相關人士稱為「內線人士」，只有他們才知道、未公開的重大消息則稱為「內線消息」。

偶爾會看到「企業主管由於內線交易被逮捕」這樣的頭條新聞，內線交易是違法行為。所謂內線交易，就是身為內線人士的企業主管，運用只有自己知道的內線消息，進行金融交易以圖謀自己的利益。例如，某間企業的經營團隊在消息發布前，就得知「自家公司的財報公布結果遠遠超過市場預期」，基於此而大量買進自家股票，待發布財報結果，股價上漲後賣出股票而獲得龐大利益。

要保持「市場的可信度」是內線交易被認定違法的原因之一。除了內線人士以外，股市相關人士無法事先知曉那些消息，因此基於該消息而進行的交易可以說是非常不公平。過度不公平的交易猖獗，會有投資人想在這種市場進行交易嗎？運動也是因為有適當的規則才吸引人，市場亦因保有可信度而成為吸引人的場所。

內線人士自己運用重大消息交易，或是透露給第三方都是違法行為，那如果是投資人自己靠雙腳獲取的消息呢？

例如以下兩個案例。

1. 預測某間企業的併購

- 假設有間避險基金正在討論如何投資 A 科技公司。避險基金的投資專員鉅細靡遺的檢視 A 公司董事長到目前為止在媒體上的一言一行，似乎可以解讀為這間公司企圖併購別間科技公司。

- 投資專員透過到目前為止的自家公司模型做定量分析，得知與 A 公司的事業具加乘作用的是 B 公司和 C 公司，而 C 公司現在的股價相當便宜。

- 根據經濟雜誌所報導的消息，C 公司的董事長與 A 公司的董事長是同學，交情很好。

- 投資專員申請訪談 A 公司的董事長，對方欣然允諾，只可惜這場與 A 公司的會面只聽到相當一般的內容。投資專員內心感嘆白跑一趟，打算以後再處理 A 公司的投資時，在回去的路上和兩位眼熟的人擦身而過。回到辦公室確認後，才知道那兩人是 C 公司的董事長和大有來頭的併購銀行家 D 專員。

- 投資專員整合這一連串的事情後得出了假說：在不遠的將來，A 公司將併購 C 公司。投資專員認為不需投資當初預設的 A 公司，而要投資身為併購對象、股價有望上揚的 C 公司，於是該避險基金決

定實行這項投資方案。

- 開始投資後經過一個月，A公司與C公司召開共同記者會，發布併購C公司的消息。併購價格反映在C公司的股價上，股價漲了40%。

2. 營收預測

- 假設有間避險基金正在討論如何放空（預測股價下跌而獲利的交易方式）小規模零售公司X公司。
- X公司的大部分營收來自該公司的三間旗艦店鋪。
- 該避險基金的投資專員出動自己的團隊，到那些旗艦店實施一個月的實地調查。具體的調查項目為：計算來客人數、觀察結帳櫃檯的狀況、訪問顧客等等。
- 其中一間旗艦店，隔壁的競爭對手進行了為期一星期的「五十週年」大特賣，受此影響，旗艦店在那一星期門可羅雀。而關於另一間旗艦店，投資專員團隊發現，大公司Y公司將在車站前開店的傳言傳遍當地。詢問當地的不動產公司，得知最近的確有身著西裝的客人頻繁出入，正在物色大型零售空間。
- 基於這些靠雙腳獲得的資料，對照到目前為止的財

報結果，並運用獨家開發的模型運算，預測出那一個月的營收和盈餘。再將這些數字和該公司所公布的下一季營收預測相對照，發現該公司預測的數值高出自家計算許多。此外，該公司下一年度的預估也相當樂觀，並未考量到大公司 Y 公司將加入戰局。X 公司屬於小規模個股，只有一位證券公司的證券分析師在仔細追蹤它。該分析師的預測接近 X 公司的預測，市場也基於這些預測反應出真實的股價。

- 經過這一連串分析，投資專員最終成立了假說，認為以下兩件事將成為 X 公司股價崩盤的開端：「公布下一季決算時，數字遠遠低於該公司的預測」、「Y 公司正式宣布將於車站前開店」。然後，根據這項假說，投資專員策劃放空 X 公司，於是該避險基金決定實行這項投資策略。

- 一切準備完成後，X 公司公布了下一季財報，而數字遠遠低於該公司的預測。關於原因，X 公司只說是「競爭變激烈」，但原因明顯是事前所分析的因素。由於公布了這次決算，X 公司的股價下跌了。

- 數週後，地方報紙報導大公司 Y 公司將於車站前開新店鋪。X 公司的股價下跌更深了。

這兩位投資專員都是靠自己的雙腳獲取消息，雖說是以此成立了假說，但都搶先取得消息，並預測併購和財報公布後可能帶來的衝擊，因而提前判斷並採取行動。從結果來看，他們獲得了龐大收益。

馬賽克理論

這和先前介紹的內線交易不同，並沒有「不公平」，所以沒有問題。而實際上，市場上也也認同這樣的做法、也覺得沒有不公平。

例如，將第一個例子中，投資專員所觀察的以下內容分開來看，各個都無法成為重大消息。

- 董事長在媒體上的言論和一舉一動
- 以過去的營收資料為基礎的自家模型定量分析
- 雜誌所刊載的董事長們之前的交情
- 在回公司的路上巧遇

但是，一旦將這些內容如拼圖般拼湊完成，就能歸納出「A 公司與 C 公司的併購案」這條可能發生的「重大消息」。

第二個例子也一樣，一旦將各個消息重疊，就能理出「財報結果遠遠低於預測數值」這條可能發生的「重大消

息」。即使如此，像是「一間旗艦店整整一星期門可羅雀」的消息，就連附近的消費者也有辦法得知。

就像這樣，將分開來看不甚重要的消息，或奠基於第一手消息所導出的分析重疊，並藉由重疊思考的過程，分析者理出可能發生的重大消息，這稱為「馬賽克理論」。其名來自將圖形組合的裝飾藝術「馬賽克」。市場不允許內線交易這種狡猾事，而認同靠自己的雙腳獲取消息，且如同拼拼圖般驗證假說，藉此獲得投資收益。因為這麼一來，市場能給予投資人認真分析投資對象的誘因，且不損及信任感。

如同本節開頭所言，對投資人來說，消息即命脈。不論對象是運用數千萬美元的避險基金，還是個別投資人，都是恆常不變的道理。如何收集適合的消息，運用自家的分析技術或解釋方法，並透過馬賽克理論的過程靠近重大消息，將攸關投資人的收益。

▌與當地的投資客交流

驅使解讀力的投資人，試圖靠雙腳獲取消息，盡可能比他人更具優勢。另一方面，投資標的遍及全球，雖說要取得有利消息，又該從何處下手？

在此，容我稍微從投資跳到別的話題，只聚焦於消息

這個重點。若問你誰掌握了最多消息，各位會想到誰？例如，誰知道最多在地消息？遠方的朋友到家鄉玩，要一起吃飯時由誰來選擇餐廳？當然是身為在地人的你啊！

每年哈佛商學院的日本在校生都會舉行「日本之旅」，帶領數十名在校生前往日本，有幾年甚至超過百人。這是每年廣受好評的企畫。此時，日本留學生將體驗來自朋友的依賴，超越了平常能想像到的程度。儘管哈佛商學院生中當然也有強者努力上網預習，事前指定想去的地方，但他們的消息量，也不可能勝過身為「在地人」的日本留學生。

在投資的世界中，擁有解讀力的投資人也聚焦於家鄉，這個現象也就稱為「家鄉偏誤」。根據哈佛商學院的科瓦爾（Coval J.D.）教授的研究結果顯示，美國的基金經理人帶有以下傾向。

- 比較本國與外國，往往偏好本國的投資對象。
- 即使在本國投資，也較偏好總公司距離較近的投資對象。尤其喜歡離自己較近、規模相對較小的投資對象。
- 自己所運用的投資組合中，鄰近自身所在地的投資對象的績效，比非鄰近自身所在地的投資對象優異。而且，基金經理人中以下要素愈明顯者，該傾

向就愈強。

　　換言之，基金經理人比較喜歡在地的投資對象，而且在地的投資對象的投資績效比較優異。

　　從這些研究結果中，科瓦爾教授提出，基金經理人對於在地的消息可能具有優勢。而且，還提出在地的社交網絡可能是資訊不對稱的根源之一，好比在地企業的董事長住在基金經理人附近，或是小孩就讀同一個學校等因素，基金經理人擁有獲得在地消息的優勢。

　　科瓦爾教授揭示了社交網絡所產生的資訊不對稱，會成為投資人解讀力的根源。不過，社交網絡的型態五花八門。由於人與人之間存在關係，社交網絡才得以形成。

　　然後，在眾多社交網絡中，科瓦爾教授的後輩麥羅伊教授和柯恩教授特別關注的型態是「學校的社交網絡」，並將之當成研究對象。其中更關注大學母校所形成的社交網絡，接下來我將針對此做介紹。

▎活用社交網絡

1. 畢業於哪所大學決定你的投資績效？

　　前面提到，麥羅伊教授和柯恩教授關注大學母校的社交網絡與解讀力之間的關聯，而至今已有相關研究。

此外，時常聽聞「日本有學歷主義」，筆者不知其真假。不過，以我居住於美日兩國的經驗，感覺美國的程度似乎比較嚴重。在美國，若要在企業或公家機關升遷，光是大學程度的教育是不夠的，一般會要求碩士學位（Master）。由於這種現象，通常會建議商業人士攻讀MBA，當作一個職涯階段，不過這也不僅限於商業領域。例如，我有個美國朋友擔任地方都市的教師，他成為老師之後，仍為了在學校升遷和加薪，而去研究所攻讀教育學碩士。

　　和日本一樣，由於這樣的社會觀念，在美國，坊間對「大學母校和成功的關係」這個主題的關心熱度很高。日本常見的「企業家的大學母校排行榜」和「各大學畢業生任職產業排行榜」等標題，也頻繁出現於美國媒體。

　　研究者不可能會放過如此受社會高度關注的主題。投資業界中，該主題的代表性研究包含耶魯大學的茱蒂絲・奇華利爾（Judith Chevalier）教授，與麻省理工學院（MIT）的葛藍・艾利森（Graham Allison）教授（前哈佛大學助理教授）所發表的論文。兩位教授運用任職於美國投信的基金經理人的相關公開資料，分析畢業大學（大學部）和投資績效的關係。

　　根據此研究，基金經理人畢業大學的偏差值（編按：

日本大學入學考試參考的指標，台灣則為 PR 值），投資績效優良的可能性就愈高。這裡所說的美國大學的偏差值，指的是各大學新生的 SAT 平均分數。所謂 SAT，是美國的大學入學統一測驗，如同美國版的日本入試中心測驗（譯註：日本考大學時的統一入學測驗）。

這個研究結果被投資業界稱為「SAT 效應」。投資公司中，也有基於此現象而要求求職者提出 SAT 分數的公司。同樣的，針對 MBA 的學生，則常要求其提出研究所入學統一測驗 GMAT 的分數。

該如何解釋這個研究結果？兩位教授成立以下假說。

能力與資質

畢業自高偏差值大學的基金經理人，其天資聰穎又勤勉，而這攸關解讀力。

社交網絡

畢業自高偏差值大學的基金經理人，有很多金融產業和投資對象的畢業生朋友，這樣的社交網絡攸關解讀力。

任職單位

畢業自高偏差值大學的基金經理人，會任職於容易施

展能力的基金，而這攸關解讀力（規模大、支援態度和誘因制度完善的基金）。

實際上，這三者都是可以成立的事實。現實世界中，三者互相交疊、作用的可能性較高。

而麥羅伊教授和柯恩教授從這個研究結果更進一步探究，解開了投資績效和大學母校的社交網絡之間的關係。

2. 證券分析師與企業要角的社交網絡

就算要探討投資業界中，以大學母校為背景的社交網絡，對象卻五花八門，因為投資業界中存在各式各樣的玩家。其中，麥羅伊教授和柯恩教授最先聚焦於證券分析師和企業要角之間的關係。

金融產業中存在證券分析師這門職業，一言以蔽之，就是「分析企業、推薦投資人買賣與否的專家」。證券分析師始終只能「給建議」，實際採取行動的則是投資人。證券分析師類似於一種顧問角色。

證券分析師主要的產出，供投資人閱讀的調查報告。例如，自己所報導的企業公布財報時，統整、分析其內容，並導出推薦重點。也常拜訪企業、採訪要角人物。由於報告的讀者——投資人非常忙碌，所以報告的重點是要

簡潔、清楚明瞭，有時候還要帶點「趣味」。身為刊物，受人閱讀才有意義，因此證券分析師也帶有記者的性質。很多證券分析師會報導規模大、市場關心熱度高的企業，另一方面，規模小的企業或利基個股等，則常只會有一位分析師報導，甚至沒有分析師報導。

證券分析師的評價，取決於「推薦內容是否如實發生」。換言之，分析式的推薦項目有沒有發揮解讀力，將決定其評價。若累積正確的推薦內容，投資人的粉絲自然會增加。擁有許多粉絲的部分證券分析師，在業界也能獲得名人般的社會地位，成為「明星分析師」。

從證券公司和投資銀行的角度來看，由於注重分析師提供顧客投資方案的能力，因此，提升證券分析師的素質也是很重要的課題。舉例來說，投資人考慮購買汽車產業的股票時，若自家公司擁有汽車產業的明星分析師，他就能到投資人身邊提供優質的投資策略。若投資人最終透過自家公司實行該投資策略，就能收取一筆手續費。

因此，明星分析師在投資業界邀約不斷。也常見避險基金看中其專業，遂以高薪挖腳。也有分析師不單單只是推薦，而想運用自己的點子採取實際行動來投資，就自己成立起基金。

對證券分析師而言，自己的附加價值在於「要如何運

用自己特殊的分析手法，並推薦給客戶來發揮解讀力」。
而麥羅伊教授和柯恩教授的研究就探討出，證券分析師的
解讀力和大學母校的社交網絡之間的關聯。

以下介紹其中一個兩人研究的例子。

- A 證券分析師正在報導同樣位於美國的 X 公司與 Y
  公司。
- A 證券分析師畢業於哈佛大學。
- X 公司的要角人物（在此泛指名譽董事長、董事長、
  財務董事與其他董事）畢業於哈佛大學。
- Y 公司的要角人物畢業於耶魯大學。
- A 證券分析師推薦「買進」X 公司與 Y 公司兩者的
  股票。

那麼，接下來的問題是：若各位是投資人，應該投資
X 公司還是 Y 公司？

根據兩位教授的研究，答案相當明確，就是 X 公司。
這是因為，A 證券分析師和 X 公司的要角人物同樣畢業自
哈佛大學。但是，重點並非哈佛，關鍵是兩人畢業自同一
所大學。因此，在這個例子中，將「哈佛」換成其他大學
的名字也是相同結果。

兩位教授的研究結果顯示，證券分析師推薦「買進」

的企業中，若有一些企業要角和該分析師畢業自同一所大學，而另一些企業未存在此種要角，則投資前者的績效較優。也就是說，證券分析師帶著自信推薦「買進」的個股當中，若企業擁有畢業自同一所大學的要角，分析師針對該企業較能發揮解讀力。

兩位教授基於此項研究數據，提出在美國金融產業中，存在以大學母校為背景的社交網絡。以下是他們提出的假說。

- 對 A 證券分析師而言，由於和 X 公司的要角人物畢業自同一所大學，因此比其他公司的要角人物（在這個例子中為 Y 公司）更容易接近，成為「熟人」的可能性相當高。

- 要角當然身懷許多有關公司狀況的消息。由於成了「熟人」，A 證券分析師可以聽到各式各樣的消息。內線消息確實不好，但就算不用到那個地步，也能增加機會，在私底下聽到有助於自己做企業分析的消息。

- 因此，關於 X 公司的企業分析，其精準度比 Y 公司高，所以推薦準確度也高。

此外，針對這個結論，可能會出現以下的純粹疑問。

「美國企業要角的年齡約略是 50 多歲，證券分析師

則多為 30 至 40 多歲。兩者年齡相差甚遠，卻只因畢業自同一所大學就能建立社交網絡嗎？」

其實，筆者在學時也曾針對這點和同學互相議論，激盪出各式各樣的看法，而結論則歸結至以下幾點。

- 年齡差距通常成為建立社交網絡的障礙。
- 由於具備畢業自同一所大學的共同點，而能消除此障礙。
- 其效果比以往所認為的還要強大。

對哈佛商學院在校生或年輕校友而言，和活躍於各界的校友取得聯絡，比在日本所想像的還要順利。雖說當然因校友而異，但如果有人說「想請教一下」，許多校友會在百忙之中抽空赴約。更何況如同上述例子般，在工作上大有關係的專業人士同伴，如證券分析師與報導對象的企業要角，能建立良好關係的可能性更高。

此外，這項研究耐人尋味的是，社交網絡與解讀力的正向關係，可以在證券分析師推薦「買進」的個股中觀察到，但在推薦「賣出」的個股中卻觀察不到。也就是說，即使分析推薦「賣出」的個股數據，在如上述投資 X 公司與 Y 公司的收益中，也不存在統計上的顯著差異。

關於其成因，可以做諸多思考。

- 以 X 公司要角的心態來看，他只想談論關於自家公司的正面消息。

- A 證券分析師聽到了正面和負面消息，但考量 X 公司要角的心情，只參考正面消息，略過負面消息。

雖然最終都只是假說，但不覺得很有意思嗎？

而且，話還沒說完。此研究數據的觀察期間為 1993 年至 2006 年，其間在 2000 年，美國金融當局施行了《公平揭露規則》（Fair Disclosure）這條法律。這條新制嚴禁公司要角只將消息透露給部份股市相關人士。如果已將重大消息只透露予部份股市相關人士，就有義務在二十四小時之內透過新聞稿等方式公布至整個市場。

由此進行推測，在公平揭露規則施行以前，證券分析師打一通簡單的電話給企業要角問其「近來可好」，這類對話想必頻繁發生，建立起同窗情誼的社交網絡者更是如此。「這一季數字不錯，可以預期營收增加 20%。」如果透露這種事就是明顯的內線消息，但可能也只會出現「嗯，最近狀況不錯」這種對話。由於施行公平揭露規則，無論證券分析師還是企業要角，可想而知他們對這類對話會變得極度謹慎。

兩位教授也將觀察期間區分為公平揭露規則施行前與

施行後，並分別進行分析。同樣的研究下，若將觀察期間只限定於公平揭露規則施行前，如前述例子般投資 X 公司所獲得的超額收益更加龐大。

另一方面，若將觀察期間僅限定於公平揭露規則施行後，其差別竟近乎為零。這顯示美國的金融產業存在以大學母校為基礎的社交網絡，透過此社交網絡能獲取一般人得不到的消息，而這些消息會影響股價的形成，而一個有效的政策阻斷了這個機制。

此外，雖然是題外話，在這個研究的例子中，我曾說 A 證券分析師與 X 公司的要角人物畢業自哪所大學，本身不會影響結論，但觀察的數據資料中，出現頻率最高的共同母校是哈佛大學，而且還以約兩倍之差大勝第二名，令人著實感受到投資業界中哈佛社交網絡的分量。

3. 投資人與企業要角的社交網絡

麥羅伊教授和柯恩教授緊接著聚焦於投資人（基金經理人）與企業要角的社交網絡存在與否。兩位教授思考著，如同證券分析師與企業要角的社交網絡，基金經理人與企業要角是否也存在同樣的關係，並也針對後者進行相同概念的研究。

那麼再提出一個問題。

- A 基金經理人正在投資同樣位於美國相同領域（例如製造業）的 X 公司與 Y 公司。
- A 基金經理人畢業於哈佛大學。
- X 公司的要角人物（和剛才相同，泛指名譽董事長、董事長、財務董事與其他董事）畢業於哈佛大學。
- Y 公司的要角人物畢業於耶魯大學。

　　得到以上消息後，試問各位會傾向投資 X 公司還是 Y 公司？

　　想必各位已經猜到了。根據兩位教授的研究，投資 X 公司比投資 Y 公司往往能得到更高的收益。如同證券分析師與企業要角的研究，將哈佛改為其他學校的名稱也不會影響這個結論，重點是同屬相同大學的社交網絡。

　　在這個研究中，兩位教授更進一步探討社交網絡的緊密度。兩位教授如下述細分 A 基金經理人與 X 公司要角之間的關係，並逐一探討以下的關係。

1. 畢業自同一所大學

2. 畢業自同一所大學和同一間學院

3. 畢業自同一所大學且畢業年度相同

4. 畢業自同一所大學和同一間學院，且畢業年度相同

從關係的緊密度來看，2 和 3 也許大同小異，而綜觀整體，可以說緊密度由高到低依序為 4 ＞ 2、3 ＞ 1，其結果真的就是依照這個順序。也就是說，A 基金經理人若投資 X 公司，推測和 X 公司要角具有 4 的關係會比 1 更加緊密，且收益在統計上顯著較高。

多為「買進」參考指標

此外，兩位教授任教於哈佛商學院的 MBA，也調查了彼此關係為 4 且為 MBA 的數據。在此條件下，收益比一般 4 的條件在統計上顯著更高。此結果說明了 MBA 校友之間的社交網絡多麼堅固。

然後，如同證券分析師和企業要角的研究中，只有推薦「買進」的個股能觀察到顯著收益，基金經理人「投資」的個股中也能觀察到，然而「賣掉」的個股績效卻不見差異。這個情形也可以思考為，以 X 公司要角的心態來看，他只想談論關於自家公司的正面消息，或是 A 基金經理人顧慮和企業要角之間的關係，只參考正面消息，略過負面消息。

接下來，在此追加一個問題。

- A 基金經理人除了 X 公司、Y 公司，考慮再多投資相同領域的 Z 公司。

- Z 公司的要角人物和 X 公司一樣都是畢業於哈佛大學。
- 結果 A 基金經理人投資了 X 公司，而延後投資 Z 公司。換言之，A 基金經理人未投資 Z 公司。

得到以上消息後，試問各位會投資哪間公司？

根據兩位教授的研究，答案還是 X 公司。結果顯示，比較畢業自同一所大學，也就是同屬一個社交網絡的投資對象（在這個例子中為 X 公司和 Z 公司）中，基金經理人最終投資的企業（X 公司）比未選擇的企業（Z 公司）績效更為優異。換言之，A 基金經理人更深入推敲獲取自 X 公司和 Z 公司要角的消息，很可能採取了更具選擇性的行動。

然而，光憑這些資訊，我們無法判斷 A 基金經理人是否透過社交網絡，取得了能夠實際影響分析的重大消息。透過社交網絡能降低獲取公司消息的成本，說不定 A 基金經理人只是以個人喜好將這類公司加以組合而已。我們可以想像，A 基金經理人也許多多少少能獲取消息，但卻無法獲得具優勢的消息，足以透過馬賽克理論導出重大消息，再藉以進行投資判斷。

兩位教授也針對這點加以探討驗證。

結果顯示，X 公司與 Y 公司的績效差異幾乎集中於發布決算或重大新聞（例如修正預期營收等）的時候。例如上述 4 的「畢業自同一所大學和同一間學院，且畢業年度相同」的範例，績效差異幾乎均集中於重大消息發布前後，此外的時期差異在統計上近乎為零。透過以大學母校為基礎的社交網絡，具優勢的消息得以適時傳達，而左右了基金經理人的績效。

　　和證券分析師的研究一樣，這項研究的觀察數據也橫跨了施行公平揭露規則的 2000 年（1990 年至 2006 年）。在證券分析師和企業要角的研究中，績效差異在施行公平揭露規則後消失殆盡，但基金經理人卻在其後仍持續存在差異。顯示基金經理人仍將大學母校的社交網絡活用於解讀力。

　　如同證券分析師的研究，A 基金經理人與 X 公司要角的大學母校數據中，出現頻率最高的大學是哈佛大學。此研究中，哈佛大學和其他大學之間的差距也高達約兩倍以上。順帶一提，第二名為賓州大學和史丹佛大學。

　　如果基金經理人要運用社交網絡發揮解讀力，自己所屬的社交網絡愈大顯然越有利。在這層意義上，哈佛社交網絡，甚至其中的哈佛 MBA 社交網絡對基金經理人而言是能讓解讀力更具優勢的珍貴資產。

這就是哈佛商學院身為一流投資人培訓中心,之所以吸引年輕專業人士的緣故。

消息依解讀方法形成差距

▋內線交易的啟示

目前為止,關於投資人如何收集具優勢的消息,我介紹了哈佛商學院的明星教授群所做的研究。我們可以知道,投資人聚焦於在地,或運用了大學母校的社交網絡,收集具優勢的消息,施展出解讀力,而取得這些消息的人數很難累積至萬人。

接下來,主題將從消息的「收集方法」移向「解讀方法」。也就是說,主題觀點將聚焦於如何「解讀他人無法解析的消息」,而非如何獲取什麼樣的消息。據說處理情報活動的專家中的專家——間諜,他們手中大部分的情報來自報紙和媒體,這些來源任誰都能取得。從那之中,間諜如何「解讀」重要情報?他們的祕訣就藏於其中。投資人也一樣,依照不同的消息解讀方法,將形成解讀力的程度差距,我將介紹其間的關係。

首先,要提到方才被視為狡猾投資技術的內線交易。

法律禁止內線交易，市場也不認可這種狡猾行為。這麼說來，企業要角完全無法買賣自家公司的股票嗎？

　　例如，企業的要角人物中，許多人是以認股權（一種權證）的形式收取報酬。所謂認股權就是能以事先訂定的價格購買自家公司股票的權利。對收取認股權的企業要角而言，行權時自家公司股價越是高於事先訂定的價格，報酬額就增加愈多。由於其對象為企業的經營團隊，能結合股東和經營團隊的誘因（提升股價），因此被廣泛用於企業要角的報酬系統。

　　假設各位是企業的經營團隊，請各位想像以下情境，思考如何決策。

- 你從外面加入了該經營團隊，就任數年來，創造了一些改革成果，並有幸提高了自家公司股價。
- 很快的，你要行使認股權，作為目前為止的報酬。
- 由於行使認股權，你以事前訂定的方式收到了自家股票。
- 過了一陣子，由於私底下有資金需求，於是你想將部分股票換成現金，結算收益。

　　你由於個人的需求而想賣出，內心雖然蠢蠢欲動，但各位別忘記，自己可是個內線人士。另一方面，難得認股

權這種報酬系統，結合了股東和經營團隊的誘因，但購買的股票終其一生無法賣掉，從經營團隊的角度來看，缺乏了實際效果，會令人難以接受。

因此，掌管內線交易的法律也在一定範圍內，認可內線人士進行自家公司的股票交易。為了不讓市場認為「狡猾」，交易必須遵守嚴格的公開與交易規範。實際上，被認定為內線人士的企業要角進行自家公司的股票交易後，必須詳細公布該交易內容（股價或股數等），讓任何人都能瀏覽。

到這裡，敏銳的投資人應該恍然大悟了。如果任何人都能瀏覽那些交易資訊，那些資訊本身很可能傳達了有關該企業的訊息。舉例來說，董事長增購自家公司的股票，這個消息公諸於世。董事長理應對公司的事務瞭若指掌，若董事長增購自家公司的股票，那可以解讀為他對於自家公司未來的預估發展抱持樂觀態度。這麼一來，對投資人來說，那可以成為「買進」訊號。反之，若董事長賣掉自家公司的股票，可能是對於未來的預估發展抱持悲觀態度，因此可能成為「賣出」訊號。

麥羅伊教授和柯恩教授也觀察了這點。內線人士進行的交易對投資人來說是否能成為一種訊號？然後，藉由觀察此事，是否得以施展解讀力？兩位教授的研究針對這些

問題提出了充滿啟發性的成果，因此容我介紹一下。

　　首先，兩位教授依照內線人士的交易目的分門別類。單是內線人士的交易，就存在各式各樣的交易理由。若為公司創辦人，其個人資產中，自家公司股票就占了一大半，因此會賣掉自家公司股票轉投資其他資產，試圖分散個人資產的投資組合的風險。例如，微軟公司創辦人比爾‧蓋茲就遵照事先訂定的規範，定期販售微軟股票。這類交易如同其他內線人士的交易般，廣泛公開至市場，但該交易本身不帶有特別的訊息，因此對投資人而言不會是有幫助的消息。

　　再者，對公司而言，為了獎勵自家員工買進自家公司的股票，有的會支付獎勵金，有的則引進可便宜購買的內部制度。這些交易通常盛行於發獎金的時期。尤其是身為內線人士的企業要角，多的是獎金比定額底薪的報酬還高的狀況，因此傾向在發獎金的時期運用獎勵制度，購買許多自家公司的股票。這類交易也如同其他內線人士的交易般，廣泛公開至市場，但也缺乏訊息性質，因此對投資人而言不會是有幫助的消息。

例行交易與機會型交易

　　那麼，什麼樣的內線人士交易帶有訊息？例如，企業

要角基於自己所擁有的消息，機動性購買或販售自家公司的股票，這種交易本身可說，是間接提供了市場未曾出現的消息。

兩位教授將前者歸類為「例行交易」，後者則為「機會型交易」，並進行了分析。

當然，投資人想知道的是關於後者與解讀力之間的關係。

麥羅伊教授和柯恩教授利用下述真實存在的案例，展示了兩種交易的辨別方法。也許因為是有點敏感的消息，在論文中使用了化名。

- 時間在 1997 年。ABC 公司是事業版圖遍及四十國的美國大企業。
- 可以認定為內線人士的要角員工有數名。其中，身為董事會成員的 S 董事與 J 董事，在任內進行了多次自家公司股票的交易。
- 但兩者的交易模式截然不同。
- S 董事在 1997 年以前於每年 4 月進行交易，1997年也同樣在 4 月進行交易。
- 另一方面，無法看出 J 董事的交易模式。例如，某年在 3 月交易，另一年在 8 月，又另外一年在 9 月進行交易。

這個例子中，兩個人在交易的績效表現上有天壤之別。例如，S 董事在 1997 年 4 月賣掉 ABC 股票，一個月後，ABC 公司的股票上漲 3.2%。賣掉的股票上漲，對 S 董事而言可說是損失了 3.2%。相對於此，J 董事在同年 12 月賣掉 ABC 公司的股票，一個月後，ABC 公司的股價急遽下跌。股價下跌的原因是發布財報結果，ABC 公司的業績雖符合事前預估，但自家公司的商品被發現有瑕疵，該影響將延燒至隔年，此發布內容就是股價下跌的一大因素。

股價受此新聞影響，兩天內下跌了 7% 以上。而且，財報發布八日後，ABC 公司發布了一個消息：在設有營業據點的某國，本公司正在接受該國政府調查。此事件使得 ABC 公司的股價跌得更深。最終，J 董事賣掉 ABC 公司的股票，他所獲得的收益是 12.6%，也就是其避開的們損失。

想必各位已了然於胸，S 董事是「例行交易」，J 董事則是「機會型交易」的代表案例。而且，如果投資人觀察並模仿 J 董事的交易，在這個例子中為放空 ABC 公司的股票，則一個月可獲得 12% 收益。另一方面，如果模仿 S 董事的例行交易，就會損失 3%。

上述僅為其中一例，麥羅伊教授和柯恩教授主張 S 董

事和 J 董事的例子廣泛存在於市場，並非 ABC 公司特有的個案。這是從遍布市場的龐大數據中，有系統的分辨並分析機會型交易人和例行交易人後的結果。交易數據介於 1986 年至 2007 年之間，要認定機會型交易人和例行交易人，最少需要三年的交易模式數據。

研究結果顯示，模仿 S 董事這類例行交易人時，超額收益近乎為零；對照之下，模仿 J 董事這類機會型交易人的交易時，可看見顯著的超額收益，這是無法以其他因素說明的現象。此超額收益每月達 0.82%，年增率逼近 10%。

此外，根據兩位教授的觀察，此類機會型交易人具有以下傾向。

- 企業主要市場活動的地區集中，要角人物本身位於主要據點。
- 要角人物的位階並非最高負責人，而是稍微低一點的層級。
- 多出現於公司治理較寬鬆的企業。

對投資人而言，從任誰都能取得的大量內線人士交易資訊中，解讀「機會型交易」並加以模仿，得以藉此施展解讀力。其實，根據兩位教授的分析，部分機構投資人會

執行這種模仿交易，而且獲利良多。此例子簡直充分說明了消息的解讀方法將形成差距，而可藉以施展解讀力。

▌財報不佳的公司，不碰

　　企業會藉由新聞稿等方式，將各式各樣的消息流入市場。其中消息量最多且遠超過其他，並受股市相關人士關注的是企業公布財報的時候。對投資人來說儼然是大活動，同時也是透過自己的消息解讀方法，形成解讀力差距的絕佳機會。接下來，我將介紹的研究是關於發布財報時的消息解讀方法。

　　上市上櫃企業原則上是每季發布一次營收報告。其流程為，季末先結算帳目，於三到六週之內發布財報。在美國，大多數的企業會計年度從 1 到 12 月，季末為 3、6、9、12 月底（譯按：台灣會計年度多採此模式）。日本四個季月的時間也和美國一樣，但企業會計年度多為 3 月到 4 月。

　　公布財報時，主要會公布業績與財務報表。但是，解讀財務報表本身相當困難又曠日費時，所以許多企業會統整重點發布新聞稿，或製作簡報資料。然後，經營團隊會親自透過電話會議或網路播送，向投資人和證券分析師報告財報與經營動態。此時，也有許多企業會設置問答時

間。對投資人來說，由於是能聽到經營團隊發聲的難得機會，因此是收集消息的絕佳時機。

關於報告內容，多數企業事前會公布「預測營收」，例如「本季盈餘為 100 億元，本年度全年預估盈餘為 400 億元」。這是為了事先控制市場預期。然後，證券分析師事前也會透過寫給投資人的報告發布獨家預測數值，這是證券分析師展現實力的地方。此外，將證券分析師的事前預測平均後的數值稱為「期望報酬率」（Expected rate of return）。由於證券分析師的從眾意識也很強，大幅偏離預測共識需要不少勇氣。市場會將此預測共識資訊反映至股價，因此，假設企業實際公布財報時，數值遠低於預測共識，對市場來說就是「驚喜」，該企業的股價就會下跌。

留意盈餘慣性

企業公布財報蔚為市場大活動，接下來我將說明其所帶來的消息與股價的關係。不過，在資訊技術如此發達的世界，想必不少人認為企業一旦發布財報，同時該企業的股價就會瞬間反映財報結果。

實際上，市場需要時間消化企業的財報消息。這個現象稱為盈餘慣性（PEAD），至今的研究已解釋此一現象。舉例來說，企業發布的財報成為負面驚喜時，股價不僅於

發布結束時下跌，在那之後也會持續一段時間，有時甚至會持續數個星期至數個月。反之，若是正面驚喜，股價會持續上漲。概念上類似於動能效應，但市場認為兩者儘管相像卻不同。

至今學界針對 PEAD 提出了各式各樣的成因，最頻繁出現的是投資人低估了驚喜。這個假說是，最初的反應並未完全意會到驚喜的影響，之後才逐漸反映至股價。

企業的季結算和財報資訊任誰都能取得。但即使取得這些消息，市場有可能需要時間才能完全消化完畢。對投資人而言，熟悉這個市場性質，磨練消息解讀方法的優勢可說是相當重要的技巧。

關注企業間的關係

針對前面所提到的「市場需要時間消化決算消息」，至今已進行了各式各樣的研究。因為若能磨練領先他人的消息解讀方法，比市場更早正確判斷消息，就可以提高豐厚獲利。

第一個重點為「何時」公布財報。以「星期五效應」的研究作為例子，比起在其他平日發布財報，在星期五發

布財報後的 PEAD 更為強烈。據說這是因為過了星期五後是週末，股市相關人士注意力較散漫，因此較難反映於股價。若是如此，當企業在星期五發布負面驚喜時，由於股價不會立刻完全反映，賣出是比較聰明的做法。這類研究除了具有消息解讀方法的面向外，也是揭露股市相關人士「非理性」的重大觀點，因此我會在本章後面的小節再加詳述。

接著，除了「何時」發布財報消息外，「在哪裡」發布也是重點。例如，有種東西叫做「主流媒體效應」。雖然這不限於公布財報，而適用於所有重大消息，但這類研究聚焦於利基媒體報導的消息難以被市場消化，完全相同的消息經主流媒體報導後才終於反映至股價。哥倫比亞大學蓋·哈伯曼（Gur Huberman）教授的研究使用了以下例子來說明這個現象。

- 《紐約時報》在頭版特別報導了 EntreMed 這間企業的癌症研究成果。
- 由於這個報導，EntreMed 的股價大漲。
- 但是，該報導內容早已在五個月前刊登於業界知名期刊《自然》（*Nature*）。

換言之，完全不新的消息，常因為被主流媒體大肆報

導而大幅牽動股價。這也和人類的非理性關係匪淺。

話題再回到「何時」發布財報，發布的日期因企業而異。有的公司會在結算一季的帳目後三十日內發布，也有公司間隔四十五日發布。

財報如何反應在股價上？

那麼，是否可能利用較早發布的企業財報消息，來預測較晚發布的企業財報？舉例來說，相同產業的企業。若為相同產業的企業，縱使存在個別差異，大致上卻會形成相似的財報。這麼一想，較早發布的企業財報消息將牽動較晚發布的同業股價。另一方面，關於反映消息的程度，研究顯示仍不會立刻完全反映完畢。換言之，若能盡早解讀較早發布的企業營收報告，就能將之應用於投資較晚發布的同業。

其中，柯恩教授聚焦於更直接的交易關係，具體來說就是客戶和供應商（賣方）之間的關係。企業有義務在決算資料中，公布占自家公司營收中較大比例的客戶，因此這是任誰都能取得的資料。

大客戶的獲利狀況會左右供應商的業績，這是可以想像的事情。舉例來說，若大客戶財報數字不佳，該大客戶的股價理應下跌。但是，話還沒完，我們可以成立這樣的

假說：「市場應該會將有關大客戶財報的重大消息，反映在供應商的預測業績和股價上」。換言之，當大客戶公布有關財報的重大消息時，大客戶和供應商雙方的股價皆會下跌。

而且，不僅限於發布財報的消息，柯恩教授也探討了企業發布其他牽動股價的重大消息的影響，此類消息包含修正事前公布的預測業績。

那麼，實際情況如何？

柯恩教授介紹了以下實際案例。

- 時間在 2001 年。主角是 Callaway 公司和 Coastcast 公司。

- Callaway 公司是高爾夫球桿的大型製造商，就是高爾夫球愛好者所知道的那家知名品牌。

- Coastcast 公司則是製造高爾夫球桿頭的業界大公司，是 Callaway 公司的供應商，供應 Callaway 公司的營收占全公司營收的 50%。

- 6 月 8 日，Callaway 公司公布第二季預測營收從 3 億美元大幅下修至 2.5 億美元。因此，報導該公司的證券分析師們將每股盈餘（EPS）的預測共識從 70 美分大約減半至 35 美分至 38 美分。

- 受此影響，Callaway 公司的股價從公布下修預測營

收前的水準開始跌了 30%。

- 大約經過兩個月，7 月 25 日，Callaway 公司發布了第二季財報。EPS 為 36 美分，幾乎和預測相同。

- 另一方面，在 6 月 8 日 Callaway 公司公布下修預測營收後，Coastcast 公司的股價依舊無動靜。報導該公司的證券分析師們對於 EPS 的預測，也維持在公布前的 2 美元，未做修改。

- 7 月 19 日，Coastcast 公司發布財報。EPS 遠低於預測共識的 2 美元，損失了 4 美分。受此影響，之後該公司的股價持續下跌了兩個月。

如果「市場應該會將有關大客戶財報的重大消息，反映在供應商的預測業績和股價上」的假說為真，Callaway 公司公布下修預測營收後，其占自家公司營收 50% 的 Coastcast 公司的股價應該會下跌。但在這個例子中並未發生。柯恩教授主張不只這個案例，整個市場都能看見相同傾向。

留意重要合作夥伴

柯恩教授的研究結論如下。

- 對應於供應商與大客戶的關係，且具有高度經濟依

賴性的兩間公司的消息，在市場的渲染速度比以往所想的更加緩慢。

- 例如，市場即使取得大客戶關於財報的重大消息，也往往不會立即反映至供應商的預期營收和股價。

- 反之亦然。也就是說，市場即使取得供應商關於財報的重大消息，也往往不會立即反映至大客戶的預期營收和股價。

- 這顯示，如果基於大客戶（供應商）所公布的關於財報的重大消息，事先預測供應商（大客戶）的財報消息，並以此進行投資，就可以獲取超額收益。

- 而關於此現象的成因，可歸因於股市相關人士的非理性行動，以及投資人注意力散漫。

也就是說，在上述的實際案例中，當 Callaway 公司公布下修預測營收時，該消息並未反映在 Coastcast 公司的股票上，如此一來，若放空 Coastcast 就可以獲得高收益。

柯恩教授也證實了，真的有運用這點以發揮解讀力的投資人。

- 持有 Callaway 公司和 Coastcast 公司兩種股票的投資人，往往會運用 Callaway 公司的消息進行 Coastcast 公司股票的交易。

- 另一方面，只持有 Coastcast 公司股票的投資人，往往不會運用 Callaway 公司的消息，且延遲對於消息的反應。

換言之，持有兩間公司股票的投資人，時常追蹤兩間公司的動向，因此熟知兩間公司的經濟關係，而反映至投資交易。針對剛才提出的其中一個原因——「投資人注意力散漫」，相較於僅持有其中一間公司股票的投資人，持有兩間公司股票的投資人較能避免陷於這種狀態。

總結以上，藉由將此研究結果當作解讀力的根源運用於投資，可以拉開和其他投資人之間的差距。另一方面，由於柯恩教授發表了這項研究，更多投資人得知了研究內容中透露的投資策略。假如是社群網絡的研究，即使研究成果在市場廣為人知，要將該內容落實於投資策略也非容易之事。然而，關於客戶和供應商的研究成果，其他投資人若想模仿則比較容易進行。當然，此研究結果所透露的投資優勢並未消失，不過說不定由於發表了研究結果，難得發現的解讀力根源因而減弱。

其實，我在上完柯恩教授的課程後，和同學談論了類似的話題，「這種研究與其當作論文發表，不如自己成立避險基金，實際執行該投資策略，以此獲得巨額利益，這

樣是不是比較好？」在優秀的基金經理人龍爭虎鬥的投資世界中，也許沒有直接套用研究結果，而順利賺大錢般便宜的事，但實際上也有教授成立了自己的避險基金。

正因為如此，許多避險基金關注教授們的研究，試圖盡早將研究成果所透露的內容用作解讀力的根源。因為就算占優勢的時間有限，稍微一點優勢即可轉變為龐大收益，這就是投資世界的魅力。

法說會上可以取得的隱藏重磅訊息

到目前為止，我提及了有關市場的大活動，即企業發布財報，其消息解讀方法和解讀力之間的關係。接下來我將介紹這場大活動中最大的看頭——經營者和市場對話的場面。

在美國，企業通常以新聞稿發布財報，新聞稿則透過通訊社發至市場，許多企業會連同統整重點的簡報資料等資訊一同發布。財報發布多會考量對市場的影響，而在股票市場的交易時間外進行。

然後，在發布財報後的隔天早上等時間，經營團隊會向股東與企業經營相關人士進行法說會或線上法說會。

在此場合，經營團隊將向股市相關人士進行簡報並接受問答，歷時約一至兩小時。對經營者而言，這是能以自己的話語，傳達財報內容和自家公司決策的絕佳場合，對股市相關人士而言，則是能聽到經營團隊發聲並收集珍貴的消息。

此會議將以直播進行，詳細的會議紀錄將不時出現於彭博社等金融媒體，所以身為經營者必須慎重措辭。因為每一句話都會引起股價反應，失言將成為致命傷。因此，簡報的部分會事先準備，幾乎都是「照稿唸」，因此到了問答時間就會突然變得很有趣。

參加法說會的人必須在參加時登記姓名、工作單位、聯絡方式等資訊，若能提供這些資訊，原則上任誰都能參加，也都能發問。發問者以電話或於網路上按下發問按鈕以代替「舉手」。企業方面將看到發問者的登記資訊，以此形式選擇「抽出」人選。對投資人來說，因為也是公開場合，發問需要勇氣，而且即使舉手發問，「被抽中」的可能性也極其稀少。因此，實際上「被抽中」者多限於報導該企業的證券分析師，以及部分大型機構投資人。也有企業明定，發問者僅限機構投資人和證券分析師。

企業相較於股市相關人士，當然握有許多自家公司的重大消息，而法說會就是企業將那些消息，直接公開至市

場的絕佳時機。藉由這個過程，應能暫時緩和至今存在於企業和市場間的資訊不對稱。

然而，若該重大消息對自家公司來說是負面消息，盡可能不想讓市場知道時，又會如何？會想隱藏對自家公司不利的消息是理所當然的心情。更何況，企業方面擁有從「舉手」的與會人士中自由選擇的權利，他還敢抽選已知會問嚴厲問題的與會人士嗎？

麥羅伊教授和柯恩教授也聚焦於這點，並發表研究。兩位教授針對這點，從經營者和證券分析師的關係切入做分析。推薦「買進」該企業的證券分析師，應當對該公司心懷好意；反之，推薦「賣出」的證券分析師可以說是對於該公司未來的預期抱有懷疑。換言之，對經營者而言，後者的發問很可能直搗核心。握有負面重大消息的企業在法說會中，會盡可能避免「抽選」。

在此，兩位教授透過下述過程進行分析。

- 取得 2003 年至 2011 年美國所有的財報公開說明會的會議紀錄，並加以分析。

- 會議紀錄中，只記載問答時間裡實際「被抽中」的發問者，而非全體與會人士姓名。若為知名企業，可能有上百位、甚至上千位投資人參加，若全數記載則無效率可言，此為一大因素。

- 與會人士中，報導該企業、在報告中推薦「買進」或「賣出」的證券分析師不可能不參加該企業的大活動，而且參加了就會想提問，這是理所當然的事。
- 另一方面，可推估被記錄為發問者的證券分析師，才會被經營團隊「抽中」。
- 因此，若將在會議紀錄上，被記載為發問者的證券分析師和報導該企業的證券分析師，以及當時的推薦種類（「買進」抑或「賣出」）兩相對照，即可看出企業以何種模式抽選發問者。

分析了龐雜的會議紀錄後，兩位教授得出以下結論。
- 電話會議中只偏心抽出推薦「買進」自家公司的證券分析師，稱為由企業「套招（casting）」過的法說會。
- 將會議中的主角企業（套招企業）股票，和其他無此傾向的企業股票的表現互相比較，發現短期來看，套招企業的股票表現較優異。
- 但是，套招企業一旦停止套招，此差距就逆轉，而且該差距在一年的比率高達 12%。
- 此差距的成因，主要來自於套招企業的股價之後開

始走跌。

換言之，若能事先分辨出套招企業，就能放空該企業的股票，獲得超額收益，此分辨方法是解讀力的根源。

企業選擇短期內維持股價的原因

話還沒完，根據兩位教授的研究，套招企業即使會套招，也不會每次都套招。實際上，研究結果中出現頻率最高的只有第一季。也就是說，就算進行套招，下一季季末的法說會上就不會再套招，而是公平抽選。為什麼會出現這樣的結果？

大部分的重大消息早晚都會傳遍市場。舉例來說，若自家公司產品今後的預測營收不佳，無論如何都會呈現在往後的財報數字上。這樣的話，相較於放眼長期，寧願在發布財報後短期維持股價。我們可以假設，當企業方面帶有這種誘因時，套招的頻率會增加。

說到短期維持股價的誘因，像是該企業計畫增資的時候。因為增資時，股價愈高，越能周轉來自投資人的眾多資金。實際上，兩位教授的研究結果顯示，愈是計畫增資的企業，愈可能套招。

若只是控制總會傳開來的消息的公開時機，企業方面看似並未負擔任何成本。但是，從證券分析師的角度來看

是什麼樣子？若是推薦「賣出」的證券分析師，他會怎麼想？參加自己報導的企業的大活動，卻未被抽中，而且還持續發生了好幾次……根據兩位教授的研究，證券分析師和經營團隊的接觸可有效增加之後的預期營收的準確度（在這個例子中，所謂接觸為直接向經營團隊發問且得到完整回答）。因此，對於被限制接觸的證券分析師來說，這已成為攸關生存的問題。可以理解他們可能會向市場宣稱：「我無法取得令人心滿意足的消息，所以要撤掉推薦，不再報導這間企業。」

另一方面，若證券分析師撤掉推薦，在投資人來看會怎麼想？證券分析師在長期報導之下維持推薦「賣出」，卻就這樣以「消息不足」為理由撤掉推薦，難道不會覺得哪裡不對勁嗎？對企業來說，愈多證券分析師報導自家公司，就愈能順利將消息傳達給投資人，自家公司股票的流動性也會愈高。證券分析師忽視企業，對企業來說也是重傷。這種隱形的成本也讓套招企業不會總是套招，而是選擇性的進行。

根據研究指出，套招頻率高的企業大多具有一些共通點，例如會報導該企業的證券分析師本來就屬少數，或是關注它的機構投資人比例較低（個別投資人比例高）。換言之，企業的「套招的成本」較低。如果存在這種在某種

意義上來說「改變劇烈」的企業，投資人當然不會喜歡，可能之後會發現諾大的負面驚喜。也許有望當作放空策略的候選對象，但還是避免做多。

像這樣順利避開這類陷阱，也可謂是解讀力的展現與實踐了。

活用商業間諜

前面提到，如套招企業的研究所示，縱使所有股市相關人士聆聽同一場法說會，仍存在能夠解讀企業方面的隱藏訊息的投資人，和無法解讀的投資人。

那除了套招企業以外，有沒有同樣能成為解讀力根源的消息解讀方法？

在此請容我說明一個假設狀況。

- A 投資人與 B 投資人參加了 C 企業的法說會。換言之，他們在相同時間聆聽相同消息。
- A 投資人與 B 投資人將法說會的情形，記在筆記本裡。將經營團隊的發言記錄下來的部分，兩人的內容完全一樣。
- 但是，在感想的部分，兩人的內容截然不同。

- A 投資人的感想是：「經營者的發言鏗鏘有力。他列舉了正面事蹟，證明他們意氣風發。」
- 另一方面，B 投資人的感想是：「經營者強調了正面事蹟，但其實是不希望被發問者戳破負面問題，因此不示弱的列舉正面事蹟。」

即使發言人將完全相同的內容傳達給兩個人，傳達結果仍因聆聽者而異。不只這個例子，日常生活中也經常發生。書店裡陳列眾多關於職場溝通的商業書籍，自有它的原因。

投資世界亦然，最終，無論企業揭露多少消息，實際解讀那些消息並付諸投資行動的還是投資人，投資人若未解讀出正確消息也是枉然。企業會聘僱專業的宣傳公司，盡可能將自家公司的理念有效傳達出去，就是因為明白它的重要性。

那麼反過來說，若發言者想以言詞隱藏某些訊息，我們該如何看待？應該要將說話者所傳達的內容照單全收呢？抑或認為他背後暗藏玄機？這個例子中的 B 投資人可說是典型的後者代表範例。

因此，在這個 A 投資人和 B 投資人的例子中，若能分辨出「究竟 C 企業想傳達什麼，或是隱藏了什麼」，

就能拉開和其他投資人之間的差距。

法說會上比發言更重要的肢體語言

我們可以從避險基金觀察到此項解讀力根源，而會有此項需求的人，正是避險基金的專家。容我直言，所謂那一行的專家就是間諜。這是真的，不是開玩笑。「那一行」的技能是看穿對方所說的話是否為真。美國 CIA 專攻測謊（看破謊言的手法）的幾位前探員在 2001 年獨立開業，設立了名為「Business Intelligence Advisors」的公司。該公司簡稱「BIA」，名稱和上一個任職單位相似當然出於必然，絕非偶然。

麥羅伊教授和柯恩教授聚焦於這些間諜，並撰寫了個案研究。在兩位教授用於課堂上的無數案例中，這份個案研究也是最受歡迎的案例之一。因為真的非常有趣，容我介紹一下。

BIA 運用 CIA 的技術探究經營團隊的真正意圖。例如，在法說會上，從經營團隊的用字遣詞到肢體語言，解析所有面向，驗證發言內容的可信度。此手法稱為 Tactical Behavior Assessment（TBA），該公司運用 CIA 的手法，為美國人力仲介產業獨家開發這套方法。無關觀察對象的性別和文化，TBA 能適用於全球。而且，不僅直

播電話會議，透過和會議記錄同類型的媒介也能判斷。該公司的宗旨為：「不可自行隨意解讀人們所說的話，而要聚焦於其所說的話語本身。」

BIA 還提供客戶有關 TBA 的體驗研討會，由具備二十至三十年測謊或訊問經驗的老手擔任講師，這個研討會在避險基金等客戶之間極受好評。此外，若有更高階的需求，則會使用名為 COMPASS 的手法，這就不單單只是透過法說會，分析經營團隊發言的可信度，還會解讀經營團隊無意識散發出的訊息，是相當高級的技巧。TBA 和 COMPASS 的細節當然都是商業機密，在個案研究中也無法詳細說明。而且，這些手法大多可藉由獨家開發的軟體進行解析，因此該公司也算擁有科技公司的性質。

BIA 的收入來源是向避險基金等客戶收取的手續費。避險基金委託 BIA 分析企業的法說會等場合，BIA 會運用 TBA 或 COMPASS 等手法對法說會等場合進行分析，並製作報告。報告中會附上「Behavioral Concern Rating」（行為學上的關係評等），是該公司獨創的評等系統。

那麼，實際上，報告書中記載了什麼樣的內容？以個案研究中作為例子，介紹 2010 年 8 月 11 日思科公司的法說會的相關報告。該報告書將關係評等訂在高度令人擔心的等級。BIA 從思科公司的執行長約翰・錢伯斯（John

Chambers）的發言中，挑出令人擔心的部分，並附上評論，以下舉出幾個評論例子。

- 「過度肯定現狀」。
- 「歸咎原因於景氣」。
- 「過度強烈的試圖說服發問者」。
- 「為了拖延時間而偏離問題主旨」。
- 「使用了過度強調自信的用詞」。

BIA 製作完客戶用的報告書，過一陣子，思科公司大幅下修預測營收。受此影響，思科公司的股價竟跌了18%。

BIA 始終是針對「法說會上的關係評等」進行解析，因此並不代表針對之後股價是否可能下跌做「推薦」。但是，我們或許能說，該公司判斷為「高度令人擔心」的企業，其股價之後很可能下跌。

為了驗證這個假說，BIA 聘僱第三方顧問，針對兩者的因果關係進行調查。結果顯示，BIA 認定愈是令人擔心的企業，其之後的股價表現就愈差。換言之，BIA 的技能可以成為解讀力的根源。利用 BIA 分辨出企業是否進行「可疑」的財報發布，再放空該企業的股票，會是不錯的做法。

此外，課堂上使用 BIA 的個案研究時，該公司的團隊曾來到教室成為座上賓。乍看之下和至今見過的來賓樣貌沒有不同，但我曾在某個地方讀到，為了讓間諜融入別的國家而不顯突兀，會錄取第一眼看似普通的人。

令避險基金經理人著迷的 BIA 分析

　　在個案研究的課堂上，同學們大部分都是以「上位者的角度」來發言，例如思考「身為組織的領袖應當怎麼做」，並進行評論：「雖然案例中的主角說了○○，但那不正確，採取 ×× 的策略比較好。」當個案研究中的主角來到課堂上當座上賓，學生本應感到綁手綁腳，但哈佛商學院生不會因這點程度的事而改變。有時候還有強者會在身為案例主角的來賓面前全盤否定當事人。課程設計上，來賓在最後的十至二十分鐘有發言的機會，但在那之前不能參加學生的討論，因此也有可能演變成被哈佛商學院生的評論挨著打的情況。但是，當對方是前 CIA 探員，學生們果然還是變得稍微慎重，感覺那天的討論進行得莫名平穩。筆者雖然記得自己曾在課堂中講過話，不知是否因為在意 BIA 成員的目光，對於自己說了什麼卻不太有印象。

　　麥羅伊教授和柯恩教授總結了課堂上的討論後，BIA

的來賓展示了前述的 TBA 手法。BIA 的成員在銀幕上播放執行長出現於金融媒體直播的影片集，一邊套入 TBA 手法一邊進行評論。一經解說，我們便可以看出影片中的執行長真的有些怪異，充滿可以吐槽的地方。一邊看著影片，一邊聆聽成員的評論：「有沒有發現現在執行長在轉移話題」、「注意觀察現在執行長的視線方向和發言的關聯性」。BIA 的成員就這樣透過真實案例，簡單說明 TBA 手法，許多地方確實令人恍然大悟。當然，只憑二十分鐘的發言仍然難以透析經營者的真正意圖，但已經可以明白為何避險基金對於 BIA 如此著迷。

此外，雖然是題外話，這場「迷你」TBA 的研討會，經由在場學生瞬間傳遍全校。由於太過受歡迎，哈佛商學院公認的投資社還透過麥羅伊教授和柯恩教授，直接和 BIA 取得聯絡，請他們針對社團開設特別研討會。在投資社的眾多企劃中，成了最具話題性的企劃之一。

為了在消息解讀方法中取得優勢，投資人不惜聘請間諜，足以證明消息解讀方法中充滿解讀力的根源。

3

哈佛商學院最經典的研究案例（二）

「如何」投資？
——了解自我者，掌控投資

　　到目前為止，我從對投資人而言要投資「什麼標的」，談到重大消息的取得方法、解讀方法是解讀力的根源，而那些重大消息會左右投資標的的股價走勢和起伏。

　　那麼，投資人取得並解讀消息之後會做什麼？當然是進行投資判斷。

　　在商業世界中，就算眼前的消息相同，判斷的結果仍因人而異，這是常有的事。

　　各位在職場上也有過這樣的經驗吧，投資世界亦如是，而且，這也代表在投資世界中，訓練判斷力將成為解讀力的根源。換言之，聚焦於「如何」投資，可以拉開和其他投資人之間的差距。

　　此時，最大的敵人就是進行判斷的自己，儼然就是「掌控自我者掌控投資」。

　　容我接下來更詳細地說明。

投資人最大的敵人是自己？

「速度感乃經營命脈。」

這是在知名經營者的訪問中，經常出現的一句話。在經營環境變化萬千的現代社會更是有過之而無不及。關於「經營的速度感」，人們時常提出柔軟的組織型態和圓融的溝通能力等論點，但最重要的還是經營者本身「判斷的速度感」。

一般認為經營者進行經營判斷的依據，是自身累積至今的經驗法則和架構。此外，也有知名經營者聲稱那些事物背後伴隨著「直覺」。

從判斷的速度感這層意義而言，運動員也可說是相同情況。對運動員來說，瞬間的判斷足以分出勝負。為了鍛鍊那瞬間的判斷力，一流的運動員反覆練習，直到身體能意識到正式比賽並自然反應為止。

哈佛商學院所使用的個案教學法在某種意義上來說，類似於培養一流運動員的過程。哈佛商學院的校友在經營現場面臨問題時，會從大腦的抽屜中抓出和問題相關的個案研究，然後運用在該個案研究中所學的架構，整理出論點，嘗試進行精準判斷。為了讓這個過程能「習慣化」，

使大腦自然反應，全體學生在哈佛商學院透過五百件以上的案例「反覆練習」。然後，在畢業之前，他們會成長為商業世界中的「一流運動員」，當畢業後，在他們的舞台上面臨問題時，身體也可以自然反應。

在投資世界中，關於判斷的「速度感」和「習慣化」也是一樣的道理，一旦稍微遲疑，獲利的機會就瞬間消失，這種事層出不窮。而且，如同就如我們常聽到的：「好像有泡沫化的跡象」、「對這間企業有不好的預感」、「這間公司的新事業感覺會發財」等，投資世界超出了定量分析的範圍，可說是投資專家的經驗法則和「直覺」重疊作用的世界。這類「直覺」總稱為「市場觀點」。

▍強化市場觀點不可或缺的基石

不過，雖說判斷的「速度感」很重要，但若過於重視速度感而造成錯誤的判斷就沒有意義了。雖然「速度感」和「正確的判斷」並非二選一的問題，但若太過重視依「直覺」判斷的速度感，反而可能造成「誤判」。然而，如果事先知曉「誤判」的成因，就能在判斷過程中避開它。

從正面研究這個課題的是「行為經濟學」，這是一個比較新的領域。至今為止的經濟學，一言以蔽之，就是將

人類定義為「經濟人」。也就是說，「人類恆常擁有經濟理性，且以此為第一優先行動」。將經濟當作學問時，套入這種簡單的前提比較容易做研究，但就如同各位所知，現實並非如此。而行為經濟學便是試圖將這個「現實」納入經濟學。具體來說，其針對人類「在實際狀況下」做決定的過程進行研究和解答。而包含哈佛商學院的葛林伍德（Robin Greenwood）教授在內的投資研究者們，將行為經濟學的各種研究成果應用於投資判斷的過程。

運用行為經濟學解說判斷過程的書籍中，最有名的是世界暢銷書《快思慢想》（*Thinking, Fast and Slow*）。該書作者丹尼爾‧康納曼（Daniel Kahneman）教授是行為經濟學的第一把交椅，曾榮獲諾貝爾經濟學獎。康納曼教授所提倡的展望理論，成為行為經濟學的基石。該書當然成為葛林伍德教授課堂中的指定參考書。

若想深入了解，詳細閱讀該書是最好的做法，以下簡單統整康納曼教授的論點。

- 人類的大腦基本上是「懶惰蟲」。如果要使出全力深入思考日常生活中的所有事物，大腦會漏氣。舉凡「今天要穿什麼顏色的衣服」、「今天晚餐要吃什麼」，沒有必要深入思考這些細微的判斷。因此大腦對於做決定一事，會盡量走「捷徑」。

- 換言之，除非強行要求大腦有意識的深入思考，否則大腦會無意識的走「捷徑」來做決定。

- 那麼，大腦如何走「捷徑」？大腦會運用事先形成的各種「認知偏誤（先入為主的模式）」，瞬間判斷事物。人類會在無意識的狀態下進行這個過程。

- 這代表了該書書名的「快思」部分。當然，日常生活中大部分的判斷，即使透過「捷徑」形成也不會有任何問題。

- 但是，連重大判斷也利用「捷徑」完成，便不是很妥當。重大判斷有必要緩慢的深思熟慮，這就是該書書名的「慢想」部分。

- 問題在於，若未事先知曉大腦會走「捷徑」，在重大判斷上，大腦可能也會無意識的選擇「捷徑」。

也就是說，在進行經營判斷、投資判斷等重大判斷時，我們有必要了解這個人類潛在意識的習性，強制要求大腦深入思考。進行投資判斷時，許多投資人也可能無意識的走「捷徑」來進行判斷。若能避開這種行為帶來的「誤判」，就能成為解讀力的根源。

此時，敵人不是別人，而是無意識的自己，儼然是「與自己的戰鬥」。

投資最常見的認知偏誤陷阱

　　康納曼教授提醒大眾須謹慎面對許多「認知偏誤」，而葛林伍德教授聚焦於影響投資判斷的部分，而本節將簡單介紹其部分研究。

▎獲利和虧損不對等

　　對人類來說，獲利和虧損並非對等。舉例來說，投資 100 美元獲利 10 美元時的正面情緒，以及虧損 10 美元時的負面情緒，即使同樣是 10 美元，後者在心理上的殺傷力比較大。有人在投資時「完全不想承擔風險」，其最大因素也稱得上是來自這個認知偏誤。致使投資人在「停損」時心理上更具挑戰變得相當困難。

　　經研究也得知，這個「獲利和虧損的不對等效應」會逐漸遞減。例如，比較 100 美元的投資跌為 80 美元，以及從 80 美元再下跌為 60 美元。前者為投資硬生生損失的境遇，會擴大心理上的殺傷力。另一方面，在後者，即使同樣是損失 20 美元，由於只是已經體驗過的損失變大，和前者相比，心理上的殺傷力相對來說會變小。

　　這個「獲利和虧損的不對等效應」是極其簡單的認知偏誤，但它可以說是最劇烈影響投資的認知偏誤。

▍主動判斷的迷思

大腦一向選擇走捷徑，這是因為每次判斷事情，都會消耗大腦的能量。大腦甚至會盡可能避免「判斷」，因為大腦喜好「慣性」。

因此，若事先給予「預設選項」，人類往往不會做任何改變，而維持預先的安排。在投資世界中具代表性的例子是確定提撥年金（401K）的投資對象設定。經研究顯示，即使提供加入者各式各樣的投資選項，絕大多數的加入者會選擇預設的選項，不做任何更動。此外，現代人在做某種選擇，像是選擇醫療計畫或是要捐贈的公益團體時，如果預先提供「預設選項」，選擇者真的會放棄選擇，直接使用預設的設定。這樣的行為模式已被研究證明。即使是如同401K這種人生中的重要抉擇，仍會因認知偏誤而妨礙思考，不經任何思考就直接選擇「預設選項」，這對選擇者而言稱不上是理想的結果。

但是，也有學者正意圖將這種負面行為，轉變為正面結果。例如，行為經濟學的第一把交椅理查．塞勒（Richard Thaler）教授就提倡將這種認知偏誤運用於公共政策上。以401K的例子來說，假如許多人會直接選擇預設選項，只要將對公共政策最有利的選項設為預設選項就行了。教授在暢銷書《推力》（*Nudge*）中講述了這個想

法。原文書名「Nudge」一詞帶有「默默在背上推一把」的涵意。雖然也有部分人士批評此為父權主義，但這可以說是反過來利用認知偏誤的好例子。

此外，在投資界，這種認知偏誤被視為最重要的偏誤。因為對投資顧問公司而言，401K 的「預設選項」中是否有自家公司的產品，將大幅影響受託資金的多寡。再者，一旦被設為「預設選項」，即使整個期中表現不佳，401K 的簽約者基於「慣性」而不更換為其他產品的可能性也很高。

各位不妨也趁這個機會重新檢視 401K 的投資對象。你是不是選擇了預設選項？當然，如果這是經過深思熟慮後所做的選擇也很好。

高估熟悉事件的發生頻率

首先，人類往往會高估「記憶鮮明的事情」，例如，媒體每日報導的事故或事件在記憶中留下鮮明印象，因此人類容易高估那些事情的發生頻率。

再者，人類往往會高估「最近一次發生的事情」。研究顯示，當主管評比下屬時，容易更加重視最近一次的成果，或是評比年度的下半年，而非上半年，這也是因為認知偏誤在作祟。

受到這兩種認知偏誤的影響，就算兩件事情實際上的發生頻率相同，人類也會以為「容易想到的事情」比較常發生。因此，當這兩種認知偏誤在大腦內作祟，將會高估現實中發生頻率極低的事情，而種下危險因子。

舉例來說，假設各位讀者今天目擊了火災事件。日常生活中通常不太會目擊到火災事件，因此火災算是發生頻率極低的事情。

但是，如果在目擊火災事件後，「請你預測火災發生的機率」，你會如何回答？預測的機率是不是比昨天高？這是極其自然的想法，但客觀來看，各位讀者遭遇火災的機率，無論昨天或今天，在根本上沒有不同。以這層意義而言，之所以認為機率變高很自然，是由於兩種認知偏誤促使大腦如此思考。

投資世界也會發生「火災」，不幸的是，企業也會陷入窘境，股價崩盤，還會發生企業醜聞。但是，當實際發生「火災」時，投資人會高估這些事情，過度警惕風險，也可能錯失了絕佳的投資機會。

警惕風險，是來自認知偏誤的自然反應嗎？抑或是了解認知偏誤的存在，而客觀分析消息，並深入思考後的結果反應？

其間的平衡點將影響投資人的解讀力。

熱手謬誤與回歸均值

各位是否曾有過這種經驗？

- A 同學正在觀看籃球比賽。
- A 同學支持的 X 選手連續四次投籃得分。X 選手整季的投籃命中率為 40%，但今天狀況很好。
- A 同學認為：「隊友應該把球傳給 X 選手。這一季的投籃命中率雖然是 40%，但今天到目前為止是100%，手感正熱，一定會進球。」
- 可能正如 A 同學所料，隊友把球傳給 X 選手。
- X 選手第五次出手，球朝著籃框劃出一道美麗的弧線……

這就是俗稱「那位選手今天手感很熱」、「今天狀況很好」的現象。在美國則稱呼為「熱手」。我們也經常聽到棒球球評說「他今天手感很熱呢，這次也能打擊出去吧」這類的話。

或許這個想法極為自然，但前一次或前幾次的投籃結果真的會影響下一次的投籃命中率嗎？還真的有一群研究者認真的探討這個疑問，他們獨自解析北美的職業籃球聯盟 NBA 名門球隊波士頓塞爾提克和費城 76 人的龐大數據資料。結果顯示，前一次的投籃結果不影響下一次的投籃

命中率。也就是說，若是剛才的例子，雖然 X 選手到目前為止進球四次，但第五次的投籃命中率並不會落在目前為止的 40% 以上。

即使人類深刻記得「連續進球四次」，卻會忘記「第五次沒進」，因此遇到相同狀況時，無論如何都會高估連續性觀點，這稱為「熱手謬誤」。不久後，X 選手的熱手告終，投籃命中率會逐漸往目前的 40% 靠攏，當然，如果 X 選手之後有所進步就會是另外一回事了）。這種往長期可觀測的平均值靠攏的現象，被稱為「回歸均值」。

這麼一來，在這個情境中，隊友將球傳給 X 選手，未必是正確的行為。假使 Y 選手的投籃命中率為 50%，優先傳給 Y 選手應當會比傳給 40% 的選手更有機會得勝。

但即使如此，實際付諸行動仍相當困難，而投資世界中當然也能觀察到熱手謬誤。

例如，經濟媒體每年反覆進行的股價預測中，有的評論員或投資人會添加「連續○年精準預測」的頭銜。那麼，去年預測失準的 A 評論員和「連續三年精準預測」的 B 評論員，你認為誰的預測準確率較高？以直覺來說，許多人會回答後者。但實際情形如何？說不定那是熱手謬誤。而且，就算 B 評論員預測失準了，隔年仍記得此事的人寥寥無幾。反而不知從哪冒出來的「連續○年精準預

測」的 C 評論員蔚為話題，這樣的情況總是不斷重演。

投資人的績效也是如此，比方說，A 基金連續三年比其他基金獲得更多收益。你應該要把錢託付給績效亮眼的 A 基金嗎？還是說，應該託付給去年績效平平但前年收益豐厚的另一個 B 基金？

基於去年的績效表現，客戶會想排隊將資金託付給 A 基金吧，就如同籃球比賽中，隊友集中傳球給手感正熱的 X 選手。但是，如果只注意 A 基金過去三年的績效表現，可能會造成誤判，必須看 A 基金回歸均值後的績效再進行判斷。若 A 基金的績效回歸均值後仍高於 B 基金，就可以說應該託付給 A 基金。

均值回歸的解讀陷阱

不過，有個地方令人感到有點複雜，那就是用以計算「均值回歸後的績效」的「過去績效」。在籃球的例子中，「過去的表現」指的是 X 選手和 Y 選手至今的比賽中，所締造的投籃命中率。籃球選手在許多比賽中出手投籃，從那些眾多樣本中計算出投籃命中率，因此投籃命中率可以視為計算「投籃擅長度」的可靠指標。下次比賽時，這項指標也可以當作預測 X 選手和 Y 選手表現的工具。

另一方面，基金的情況又是如何？計算基金的過去績

效時，幾乎會以一年當作計算單位。因為它不像籃球投籃，出手後立刻會知道結果，而是需要花費時間才能知道投資判斷的結果。

此時的問題就在於樣本數。即使是擁有十年追蹤紀錄（正式的績效數據）的基金經理人，其樣本數也僅有十個。基金經理人擁有十年追蹤紀錄，這在投資世界中也稱得上接近「資深」的境界了。

即便如此，籃球比賽中如果只有十球的紀錄，比較十投五進的選手和十投四進的選手，能夠明確斷定誰比較擅長投籃嗎？而且，有信心能用這個數據預測下次比賽的表現嗎？投籃次數一百次甚至更多次才比較令人放心。在投資世界中評判個別基金經理人時，這個樣本數的限制讓判斷「是否真有解讀力」變得非常困難。

順帶一提，在基金的宣傳手冊中，一定會有「過去的資金運用績效不能保障未來的資金運用成果」之類的註記，著實展現出這個重點。會有如此註記，自有其原因。而觀看職業籃球比賽時，票上不太可能有「明星選手過去的投籃命中率，無法預測本日投籃命中率」這種註記。因為即使有時會偏離，我們仍舊可以期待明星選手的當日表現，有很高機率達到和過去相同的水準。

用以理性選定投資標的

從選定投資對象的觀點來看，也適用於熱手謬誤和回歸均值的邏輯。比方說，A企業在X產業中業績大幅優於其他同業，原因是這次推出的商品熱賣。另一方面，B企業的業績遠遠不如其他同業，原因正好相反，是因為這次推出的商品預料之外的滯銷。結果，A企業的股價往上揚，B企業的股價往下走。A企業今年的股價漲幅大幅超過X產業平均，而B企業的股價漲幅則遠低於X產業平均。

接著，如果各位打算投資X產業的企業，要投資哪間企業呢？以現在的狀況評比，會是「A企業＞B企業」。問題在於續航力，A企業的股價表現未來也能持續優於B企業的股價嗎？如果是這樣的話，要買進A企業的股票，而非B企業的股票。另一方面，如果認為A企業和B企業屬於相同產業，最終不會和其他同業差距太大，而是向整體產業的股價漲幅靠攏（回歸均值），那麼反而買進B企業較為划算。

總結來說，熱手謬誤和回歸均值是出現於投資的各種領域中最重要的主題之一。現在表現優異的投資對象，未來是否回歸均值，而減弱成長率？另外，表現不佳的投資對象，會因為回歸均值而恢復正常嗎？還是說，要展開「這次絕對不一樣」、「這個投資對象有別於以往」、「這

個基金經理人有別於以往」的思辨嗎？這種洞悉能力決定了投資人的勝負，確實稱得上是解讀力的根源。

▋數字先說先贏？——錨定效應

不只日本，形形色色的「哈佛流派」廣布世界各地，其中一個最有名的「哈佛流派」是「哈佛流派談判技術」。不出各位所料，筆者於在學時也習得了此項技術。授課者為詹姆斯・塞門斯（James Simons）教授。塞門斯教授身兼哈佛商學院和哈佛法學院的任課教授，是將哈佛流派談判技術推廣至全世界的核心人物。他將重心轉移至學術界之前，曾任職於世界屈指可數的私募股權基金——黑石集團，擁有豐富的大型案件談判經驗，也精通對日本企業的談判技術。

說到談判，會令人想起心理戰，因此哈佛流派談判技術也廣納認知偏誤的研究。在這些研究中，首先會學習「錨定效應」這項認知偏誤。

所謂錨定效應，係指過度重視最早提出的數字或證據，此後無法偏離該前提太遠，是一種認知偏誤。舉例來說，在進行公寓買賣的交涉時，賣方一開始提出 5,000 萬元這個數字。於是，5,000 萬元這個數字深深印入買賣雙方腦中，在那之後，雙方的交涉無法偏離 5,000 萬元這個

數字太遠，簡直就是數字先說先贏。

　　錨定效應，名稱來自英文的「anchor」（錨）。如同錨穩穩的固定住船，人類一旦被數字固定住，也就難以脫身移動。而且，研究也顯示，縱使最初的錨定數字極度誇張，人類依然無意識的受該數字影響。然後，自行針對錨定數字進行驗證時，也容易傾向收集正當化錨定數字的資訊，還會避開可當作錨定數字反證的資訊。以公寓的例子來說，買方會在下一次提供價碼時提出接近 5,000 萬元的數字，並試圖收集正當化該數字的資訊。

　　除了談判，代表錨定效應的例子還有「第一印象」。許多商業書籍會舉出第一印象的重要性，若追本溯源，便會觸及錨定效應這項認知偏誤。如果對初識對象的第一印象很差，就算之後取得正面資訊，對對方的評價仍會從錨定印象出發，因此是從負面印象開始。而且，一開始還會比較關注與第一印象吻合的資訊。

　　錨定效應是哈佛流派談判技術中最早學習的認知偏誤，由此便可看出其效力極強。在投資世界中，錨定效應也發揮其力。例如，投資對象的股價。假設各位正盤算投資 A 企業，開始盤算時的股價為 80 美元，然後，經過一個星期的分析，理出正常股價為 150 美元的結論。但是，股價在此時來到 90 美元，和 150 美元相比仍相當划算。

各位有什麼想法？無關股價上漲的原因，大概會覺得「股價變高了」、「應該等它變成（開始盤算時的股價）80美元吧」。

80美元湊巧是開始盤算時的股價，這個數字一旦印入腦中，就會成為錨定數字。原本應該要探討股價上漲的原因，如果還划算就投資，但划算與否的判斷基準成了錨定數字80美元，若要離開錨定數字，必須有意識的克服錨定效應。

錨定效應是談判技術相當強調的重要觀點，我認為投資技術也應同等強調這項認知偏誤的重要性。而唯有身處提供多元專業課程的哈佛商學院，才能習得橫跨多種專業的技術，並將之融入自己的專業中。

▍金錢有顏色？——心理帳戶

原本金錢理應沒有顏色，然而，我們人類基於心理帳戶這項認知偏誤，為金錢塗上了顏色。

舉個切身的例子，像是日常生活中的支出。各位讀者，當你要管理自己的儲蓄或支出時，會在腦中製作帳目以進行管理嗎？像是房租、餐費、電費、應酬支出等細項。如果會的話，你如何看待以下狀況呢？

● 在聚餐中，預計餐費是 3,000 元，到了現場，沒想

到是前輩要請客。

● 回到家中看見電費帳單，可能因為冷氣用太兇，費用比上個月高出 3,000 元。

　　如果是我，對於餐費，會覺得賺到了，心情上會覺得「多了 3,000 元，這個月可以再多吃一次」。另一方面，對於電費，會反省道：「冷氣用太兇了，下個月開始要節制一點，擠出 3,000 元。」因為使用了心理帳戶，將「餐費」和「電費」分開來個別思考。但是，原本「金錢理應沒有顏色」。順著合理邏輯思考，應該會變成「今天聚餐少花 3,000 元，拿來彌補電費增加的部分吧」，但是無意識之下不太容易這樣想。

　　投資的時候，心理帳戶也會施展魔力。對投資人而言，分別投資各個投資對象的資金並沒有顏色。順著合理邏輯思考，應該留意資金運用的整體投資組合的損益，而非區分個別資產。

　　實際上，我們往往容易使用心理帳戶區分各個投資對象以進行行動。舉例來說，若 A 投資對象的股價上漲 10 美元，B 投資對象的股價下跌 10 美元，則在投資組合的層面上是損益平衡的狀態，順著合理邏輯思考，心情上應該扯平了。然而，「A 投資對象的股價上漲，好高興」和

「B 投資對象的股價下跌，真不甘心」，這兩種情緒在大腦中會互相交叉。而對人類來說，獲利和虧損不對等，虧損在心理上造成比較嚴重的殺傷力，因此，最終大腦是受 B 投資對象的股價下跌所帶來的負面情緒影響。

如同上述般，多種認知偏誤的連鎖反應影響了投資判斷，這樣的案例層出不窮。如果因為打敗一種認知偏誤就掉以輕心，可能會惹禍招災。

▌回顧過往，一切事物不證自明？
──後見之明偏誤

各位讀者可曾如此想過？

- 你正在觀看職棒比賽。九局下半，自己支持的球隊領先一分，守住這局就能取得勝利。站在投手丘上的是隊上的守護神，但是正面臨危機，兩出局，二、三壘上有跑者，是對手擊出一發再見安打的機會。球數來到兩好三壞，投手投出擅長的直球，但打者巧妙打出中間飛球，二、三壘上跑者接連跑回本壘，支持的球隊被再見安打輸球。之後，你說了一句話：「那時候不該投直球吧。一壘壘包是空的，再怎麼想這種時候都要投變化球以形成壞球，或是投指叉球，幸運的話還可以三振啊。」

- 2004 年你開始投資 A 企業。之後，股價隨著市場行情上漲。2007 年股價已漲至 2 倍。此時，你結算獲利，出清所有持股。2008 年全世界的金融危機登場。之後，你說了一句話，「我覺得那時候很明顯就是泡沫化啊」。

在一件事情發生之後，人類就無法回到「知道結果之前的自己」、「做判斷之前的自己」。雖然理論上能夠理解人類無法將已知的事當作未知，但問題在於難以擁有這種自覺。換言之，回顧自己過去的判斷時，誤認「過去的自己」正是「知道結果之前的自己」。例如，在觀看棒球比賽的情境中，自己回到投手投出最後一球之前，說出「如果是我，會投變化球，而不是直球」，但當時的自己真的具有如此堅定的預知能力和判斷能力嗎？是不是被已經知道結果的自己影響了呢？如果是這樣，那就高估了自己的「預知能力」和「判斷能力」，而且同時還低估了實際進行該判斷時存在的「不確定性」。

這種認知偏誤稱為後見之明偏誤。講述後見之明偏誤和投資的關係中，最著名的書籍是納西姆‧塔雷伯（Nassim N. Taleb）的世界暢銷書《黑天鵝效應》（*The Black Swan*）。《黑天鵝效應》在金融海嘯之後受到華爾

街關注，葛林伍德教授當然也視為指定參考書，運用於課堂上。推薦各位閱讀此書以了解它的詳細內容，以下則統整重點。

- 對於發生機率很低，但一發生就造成龐大影響的事情，人類往往容易低估它的發生機率和影響。
- 但是，這類事情一旦發生，就會用上後見之明偏誤，試圖在邏輯中合理化這件事的發生頻率正好比較高（說的好像這件事「必然」發生）。
- 書名的「黑天鵝效應」則來自過去尚未證實黑天鵝存在的故事。在「至今從未觀察到黑天鵝，因此黑天鵝不存在」的邏輯下，人們認為黑天鵝的出現機率是零。然而，當人們實際發現黑天鵝，違背了至今的常識，之後反而認為黑天鵝的存在是「必然」，打算合理化這件事。

以投資世界而言，黑天鵝的比喻可以套用在金融海嘯上。在發生金融危機之前，「以整體美國來看，過去從未發生住房價格下跌，因此，美國今後的住房價格不可能下跌」，這種想法被當作「常識」。然而，當美國的住房價格開始下跌，違背了至今的「常識」，它成為導火線，引發了美國為開端的全球金融危機。在危機實際發生後，人

們一改以往論調，紛紛講述房價泡沫的存在是「必然」。評論員陸續回顧過去的數據，開始了「會發生的事就是會發生」、「所有的事情都帶有徵兆」之類的論調。

確認偏誤的詛咒

除了後見之明偏誤，這同時也和「確認偏誤」這項認知偏誤有關。人類往往容易收集和自己先入為主的觀念相符的題材和主題，並將之合理化。舉例來說，帶著日本不景氣這種先入為主的觀念進入書店時，會購買什麼主題的書呢？大概是「為什麼日本不景氣」之類的主題。因為所選的書中寫的內容符合先入為主的觀念。雖然研究和自己先入為主的觀念相反的論述，像是「為什麼日本其實景氣好，而非不景氣」，反而較有助於驗證自身理論，但這相當不容易。確認偏誤經常出現於預測事物時，也經常出現在試圖回顧並解釋過去的事情時。

此外，相關的認知偏誤中還有「知識的詛咒」。這確實就是「無法將已知的事當作未知」的偏誤。相信曾經擔任過家教老師的人能非常了解，自己可以輕而易舉解開的問題，卻無法順利說明給學生聽懂，就是這類情況。雖然想回到無法解開問題的自己，站在不懂的學生的立場來教學，卻窒礙難行。

投資世界一向伴隨不確定性。如果受後見之明偏誤影響而低估不確定性，之後可能會惹禍招災。身為投資人，必須常保謙虛的姿態，對付不確定性。

但是，也不需要因此而過度閃躲不確定性。因為對最近一次的金融危機留下鮮明記憶，認知偏誤作祟，反而高估今後的不確定性，這對投資人來說也會錯失投資機會。

這兩種乍看之下相反的認知偏誤挑動著自己，「掌控」這樣的「自己」，謙虛而理性的判斷投資機會，這就是解讀力的根源。

▌投資的經驗會帶來教誨？──經驗的認知偏誤

剛才提到，投資人容易淪陷的認知偏誤中，其中一個是「傾向高估最近一次的過往經驗」。這麼說，若原本就沒有過往經驗，即可不淪陷於認知偏誤而進行投資判斷。雖然這說法或許有點極端。

那麼，過往的投資經驗只會造成認知偏誤、完全就是負面產物嗎？如果是這樣，就和通論完全相反。因為人們認為投資和許多行業相同，「經驗會帶來教誨」。

而實際情形又是如何呢？

葛林伍德教授為了挑戰這個疑問，針對 1990 年代後期的美國網路泡沫時代，進行了關於基金經理人的投資行

動的研究。具體而言，他比較了年輕的基金經理人（定義為未滿 35 歲）和經驗豐富的基金經理人（定義為 35 歲以上）的投資行動。結果顯示了以下傾向。

- 年輕的基金經理人在網路泡沫全盛時期增購了資訊企業的股票。因此，資訊企業在自己的投資組合中所占的比例也提高了。在前一季資訊企業的收益很高的時候，年輕的基金經理人的獲利特別多。換言之，在進行投資判斷時，他們更加重視最近一次的過往經驗。

- 在網路泡沫全盛時期，資訊企業的股價上揚，而年輕的基金經理人投資甚多，因此尋求投資資訊企業的散戶紛紛將資金託付給那些經理人的所在基金。於是，年輕的基金經理人所運用的資金占全體的比例急遽提升。也就是說，基金產業的資金集中於經驗尚淺的負責人手上。

- 另一方面，經驗豐富的基金經理人則沒有增購這麼多資訊企業的股票。

如各位所知，1990 年代後期的美國網路泡沫完全破滅，結果，年輕的基金經理人遭逢極大虧損。

在此，葛林伍德教授揭示了投資人的過往「經驗」和

解讀力的關係。換言之，經驗豐富的基金經理人由於曾經歷過去的泡沫破滅危機，針對這次的資訊企業帶有相同跡象，在投資上相當慎重以對。另一方面，沒有過去的泡沫破滅經驗的基金經理人則無從克服。也就是說，投資的「經驗會帶來教誨」。

此外，此處可謂有兩種認知偏誤交叉作用。一個是經驗豐富的基金經理人在經歷過去的泡沫破滅後，感受到「虧損帶來的殺傷力大於獲利」，一個是年輕的基金經理人，也包含託付資金給這些年輕的基金經理人的個別投資人，經歷到的「高估最近一次的過往經驗」。也就是說，正因為前者的偏誤作用，經驗豐富的基金經理人對這個經驗記憶更深刻，於是這次未出手。然後，正因為後者的偏誤作祟，年輕投資人被最近一次的高收益影響。

葛林伍德教授在這項研究的論文中，寫了以下結語（筆者節錄翻譯）：

「換言之，新泡沫的誕生，需要新世代投資人現身購買高價股票，這儼然和高伯瑞（John K. Galbraith）教授（哈佛大學名譽教授，素有「經濟巨人」之稱）的精神相符。教授曾這麼說道，『與金錢有關的記憶，人至多也僅能保留二十年。恰好經過這段時間，即忘卻過去的危機』。」

過往的投資經驗會帶來教誨。但是，為了不在緊要關頭忘卻那些經驗，我們必須「掌控自我」。

自動投資，閃避陷阱？——量化 vs 基本面投資

如果說，人類原本是因為參與投資判斷而受認知偏誤影響，那將人類排除於投資判斷之外不就好了？也就是說，事先建立自己的投資規則，運用資訊科技的力量自動進行投資判斷，如此也就不會因認知偏誤而有所迷惑。

雖然這或許是有點極端的投資哲學，不過我想在此介紹實踐這種投資哲學的投資人，其稱「量化投資人」。量化投資人施展高階的金融理論和數學，建構獨創的演算法，運用龐大的資訊科技力量實行投資策略。雖然統稱為「量化投資人」，但他們所使用的投資策略五花八門，無法以一而論，但我們可以說，量化投資人有別於基本面投資人，往往不著墨於個別企業的基本面。也就是說，基本面投資人基於由下而上的實際調查，進行「有人味」的投資判斷，而量化投資人施展金融理論和資訊科技的力量，進行「排除人為干擾」的投資理論，兩者的投資哲學可謂兩個極端。

投資業界中，「有人味」的基本面投資人仍占多數。我們心目中的超級巨星巴菲特也是具代表性的基本面投

資人。但是，有鑑於金融工程學和資訊科技力量的急速發展，量化投資人也正在增加。

在哈佛商學院不會深入學習量化投資人的投資策略。因為這種專業需要高階數學和資訊技能，極具技術性，學習這種專業不符合哈佛商學院的風格。但是，課堂上會納入知名量化避險基金 AQR 公司的個案研究等主題，讓學生以個案研究的形式學習量化投資人的概要，並比較量化投資人和基本面投資人。而關於量化投資的技術部分，因為稍微偏離本書主旨，因此本書也不會涉入細節。

在此，則稍微針對量化投資和基本面投資的比較進行一步說明。

量化投資最大的優點在於，一旦整頓好投資的基礎設備和獨創的運算模型，就很容易追求規模經濟。雖說當然必須進行每日保養，但若演算法成效優良，之後只要每天發揮資訊科技的力量運作模型，應當能提高獲利。當然，能不受認知偏誤影響進行投資判斷，也是一大優點。

另一方面，來看看基本面投資人：

- 針對個別企業的現狀，由下而上進行調查
- 預測未來發展和營收
- 進行投資判斷
- 投資後也要持續監看

這樣的過程需要相應的人力。當然可以運用專為各類投資人打造的工具，縮小調查對象的範圍，或提高監看的效率，但競爭對手也具有相同的條件。要拉開基本面投資人之間的差距，必須使用獨家資源，並將之應用於分析中。活用目前為止介紹的消息取得方法和解讀方法，就是基本面投資人的風格。

此外，基本面投資人的特徵，還有高度依賴基金創辦人的才能和技能。量化投資可以將創辦人的經驗技術套入演算法或運算模型中，但基本面投資在現實中，無法將創辦人的社群網絡和內隱知識封存於手冊等形式中。因此，基本面投資存在業界所謂的「關鍵人物風險」（創辦人基於某種原因離開該基金運作的風險），例如，巴菲特離開波克夏。當然，若量化投資由優秀的創辦人開發模型，也會存在關鍵人物風險，但基本面投資的影響程度仍然比較大。不過，創辦人的社交網絡和技術經驗以人為出發點，代表即使伴隨關鍵人物風險，反而也有競爭對手難以模仿的優點。

天才殞落的教訓

量化投資最大的缺點則在於，建立演算法時所運用的數據始終以過去為基準。像金融海嘯這種大大震撼金融市

場而使「世界發生變化」的情形，以過往的數據為基準的運算模型效果將大打折扣。量化投資的失敗案例中，最有名的是長期資本管理公司（LTCM）的故事。LTCM的創辦人是諾貝爾獎得主，以90年代世界最強的量化基金著稱，其運算模型卻應付不了亞洲金融風暴、俄羅斯金融危機等前所未有的壓力等級而破功。講述LTCM的光榮到挫敗的世界暢銷書《天才殞落》（*When Genius Failed*）是投資業界必讀經典。身為周旋於市場的投資人，LTCM的故事涵蓋了無數啟示，超出量化vs基本面投資人的範圍，值得一讀。

相較於量化投資，基本面投資擁有更高的彈性，在「世界發生變化」的轉捩點中，能具備機動性，並從中找到機會。因為人類能向過去學習，有彈性的自行改變投資方式。像巴菲特這種基本面投資人最能發揮本領的時候，確實就在這種「世界發生變化」的轉捩點。

基本面投資人vs量化投資人的話題，也帶有人類vs機器的討論面向。現今，在新創風潮當道的美國，成立了許多稱為「金融科技」的金融相關新創公司。其中相當受歡迎的則是發展「機器人理財顧問」的公司，它們販賣由演算法產生的投資建議。這個概念是，將資產運用交給演算法和人工智慧，而非人類。

那麼，人類和機器誰比較擅長投資運用？我認為最佳方案是人類取得好的平衡點，運用資訊科技進行判斷，這或許是因為筆者靠投資維生，但只要人類還是市場的主角，終究是人類才能理解市場。

尋找一物二價的標的

試問各位讀者，在國外旅遊中購物時，是否曾有以下經驗？

- 國外旅遊中，在當地市場找到想要的伴手禮，便用英文詢問價格。
- 身旁一位當地導遊拿著完全相同的東西，用當地的語言向老闆詢問價格。
- 當地導遊偷偷告訴自己：「老闆提供給我的價格是你的價格的一半。」

如果你驚訝於這種程度的事情，也許無法適應於現在的國外旅遊。原本，世界上應是「一物一價」，價值完全相同的東西，應該賦予相同的價格。但是，價值和價格不同，實際上，就算價值相同，也常賦予不同價格。換言之，這世界存在「一物二價」成立的狀況。

在這個國外旅遊的例子中，發生一物二價的原因在

於，觀光客不熟悉當地的語言和市場行情。意即，買賣雙方產生資訊不對稱，而造成一物二價的狀態。

誠然，如同國外旅遊這種存在「資訊不對稱」的場合，也許可能發生一物二價的現象。另一方面，從投資的觀點來看，像金融市場這種全世界的目光隨時關注的舞台中，有可能發生一物二價的現象嗎？

一言以蔽之，和目前為止相同，只要人類介入其中，這種現象就有可能發生。雖說當然不會頻繁發生，不過一旦發生，投資人若能盡早發現，就能成為珍貴的投資機會。因為用便宜的價格購買相同價值的東西，再立刻高價賣給他人，就能幾乎不用負擔風險而提高獲利。以國外旅遊的例子來說，當地導遊以當地語言交涉，而買進便宜的伴手禮，再以兩倍的價格賣給身旁一無所知的觀光客，這是相同的道理。或許聽起來像是利用資訊不對稱進行可疑的買賣，但金融市場中的一物二價，無須資訊不對稱也會發生。

尋寶關鍵詞：套利與資產拆分

幾乎不需負擔風險而能獲得收益，這在投資世界中通常不太可能發生。就這層意義而言，一物二價簡直是「投資尋寶」。然後，說到尋寶就想到尋寶圖。在哈佛商學院

的課程中，視「資產分拆」和「套利」這兩個關鍵詞為投資尋寶圖。在此，我將舉例介紹這兩個關鍵詞，內容可能有點複雜，請繼續閱讀下去。

首先，請想像以下的架空情境。另外，接下來為了盡可能簡化內容，將使用概略的數字，並省略單位。

- 波士頓公司旗下擁有並經營成熟事業 A 公司和新興事業 B 公司。
- 波士頓公司為上市上櫃公司，市值為 15。

那麼，在這個情境中，波士頓公司的市值本應是總和成熟事業 A 公司和新興事業 B 公司的價值後的金額。但是成熟事業 A 公司和新興事業 B 公司並未掛牌，因此無法得知實際上市場如何評斷這兩間公司。另一方面，若參考上市上櫃的同業市值，就可以概算出成熟事業 A 公司和新興事業 B 公司的市值，例如下述過程。

- X 公司是成熟事業 A 公司的競爭對手。X 公司只發展該事業，去年的盈餘為 1，市值為 10。因此，其本益比為 10 倍。
- 成熟事業 A 公司去年的盈餘同樣是 1。假設它的盈餘乘上和競爭對手 X 公司相同的倍數 10 倍，可推算它的市值為 10。

● 而關於新興事業 B 公司，也運用競爭對手 Y 公司的數值進行相同的計算，推算出市值為 10。

接下來，在經過此般試算後，將成熟事業 A 公司的推算市值 10 加上新興事業 B 公司的 10，會得出 20，這樣一來就超過波士頓公司的市值 15。換言之，原本應該是「1＋1＝2」，實際上卻不是這樣。如果寫成算式，就如同以下結果。

成熟事業 A 公司的推算市值（10）＋新興事業 B 公司的推算市值（10）＞波士頓公司的市值（15）

也就是說，比起隸屬波士頓公司旗下一起計算價值，當 A 公司和 B 公司個別掛牌時，市場可能對於兩間公司的價值計算得較高。像這種母公司市值低於旗下 A 公司和 B 公司個別的推算市值總和的情形，稱為「集團折價」。反之，當母公司市值高於 A 公司和 B 公司個別的推算市值總和時，稱為「集團溢價」。若屬於集團溢價的狀態，子公司作為未掛牌公司一同隸屬上市上櫃公司旗下，而非各自掛牌，市場對於兩間公司的價值計算得較高。

假設各位讀者是波士頓公司的股東。如果上述分析正確，你會不會想個別持有成熟事業 A 公司和新興事業 B 公司的股票，而非一張波士頓公司的股票？如上述所示，若為集團折價的狀態，身為波士頓公司的股東，讓新興事業 B 公司從成熟事業 A 公司分拆出來另外掛牌，持有波士頓公司的股票，該公司實質上只留下成熟事業 A 公司的價值，同時也接收新興事業 B 公司的股票，成為波士頓公司和 B 公司兩者的股東，會是一個合理選項。這種將旗下事業分拆出來掛牌的行為，稱為「資產分拆」或「企業分割」。

那麼，假設波士頓公司實際執行新興事業 B 公司的資產分拆，情況如下述。

- 波士頓公司讓新興事業 B 公司掛牌。此時，B 公司如事前推算，市場計算其價值為 10。
- 波士頓公司依然是 B 公司 100% 的股東，其股票的價值為 10。
- 波士頓公司的目的在於，將 B 公司的股票價值歸還給自家公司股東。具體而言，掛牌並同時將 B 公司的 10% 股份賣至市場，兌換且收取 1（＝ B 公司市值 10×10%）的現金，剩下的 90% 股份則在六個月後宣布直接當作財產股利贈送給波士頓公

司的股東（因為財產股利若滿足指定條件，對波士頓公司的股東來說是非課稅對象）。

- 波士頓公司的資產分拆策略受市場高度評價，波士頓公司的股價竟上漲至 20。

如此，波士頓公司順利執行了資產分拆，而且值得祝賀的是，自家公司的股價也上漲了。算式也如下述成為「1 + 1 = 2」。

成熟事業 A 公司的推算市值（10）＋賣掉 B 公司10% 股份的變現金額（1）＋ B 公司 90% 股份的市值（9）＝波士頓公司的市值（20）

以波士頓公司而言，想必樂見以美好結局收場，但故事仍持續進展。發展當紅新興事業的 B 公司，股票掛牌後沒多久，就受市場高度評價，超出事前預期，股價急遽上揚。另一方面，以成熟事業 A 公司為主的波士頓公司股價則未上漲這麼多。於是，整件事發展至下述情況。

- B 公司的市值從當初的 10 急遽增長至 30。
- 因此，波士頓公司現仍持有的 B 公司 90% 股份的市值，急遽增長至 27（＝ 30×90%）。

● 另一方面，波士頓公司的市值也變高了，但僅從 20 增長至 22。

也就是說，寫成算式將如下述所示。「1 + 1 = 2」再度不成立。

成熟事業 A 公司的推算市值（10）＋ B 公司 10% 股份的變現金額（1）＋ B 公司 90% 股份的市值（27）＞波士頓公司的市值（22）

那麼身為投資人的各位讀者，對這樣的狀況有什麼想法呢？如果懷有某種不可思議的感覺，那說不定是投資人的第六感。

在此，為了更簡化故事，假定波士頓公司後來花掉了 B 公司 10% 股份的變現金額。算式如下。

成熟事業 A 公司的推算市值（10）＋ B 公司 90% 股份的市值（27）＞波士頓公司的市值（22）

那麼，假設市場估算無誤，B 公司 90% 股份的市值 27 和波士頓公司股價 22 兩者均正確，要讓「1 + 1 =

2」成立，則成熟事業 A 公司的價值必須是 - 5（= 27 -
22 - 10），而非先前推算的 10。誠然，當某間企業總是
大幅虧損時，事業的價值或許可能為負。但實際上，成熟
事業 A 公司仍有獲利，事業價值突然變成 - 5 實在令人
難以想像。

即便如此，我們退一百步假設，成熟事業 A 公司的
價值為零。換言之，波士頓公司的價值完全來自 B 公司
90% 股份的市值。寫成算式將如下述所示。

B 公司 90% 股份的市值（27）＞波士頓公司的市值（22）

也許有些奇怪，但假設就這樣經過六個月。依照 B
公司掛牌時所宣布的內容，波士頓公司的股東以財產股利
的形式收取 B 公司 90% 股份。

也就是說，波士頓公司的股東只持有價值 22 的波士
頓公司股票，就能獲得價值為 B 公司市值 27 的 90% 股份。
儘管市場先前認為波士頓公司的市值為 22，但由於波士
頓公司不論市場看法而分配價值 27 的股利，此時，波士
頓公司的市值也來到 27。

寫成算式則如下述所示：

B 公司 90% 股份的市值（27）＝波士頓公司的市值（27）

也就是說，原本 B 公司 90% 股份的市值和波士頓公司的市值至少應相等，但是，就如同目前所述，「價值」和「價格」似是而非。應該呈現「一物一價」的事物，由於市場的扭曲，暫時成了「一物二價」。然後，一物二價的狀態又因為股票配息的活動，強制回歸到一物一價。

如此一來，若事先明白一物二價最終將回歸一物一價，將可成為絕佳投資機會。因為，兩者之中，如果買進較便宜的一方（作多），賣掉較高價的一方（放空），當其回歸一物一價時，就能確實獲利。在這個例子中，若買進便宜的波士頓公司股票，放空高價的 B 公司股票，藉由兩者差額 5（＝ 27 － 22）收歸為零，即可確實獲得5 的收益。不論波士頓公司和 B 公司的股票如何漲跌，都沒有關係。最終價值相等，就至少能確定賺到 5 的收益。在此舉一個極端的例子，假定波士頓公司的股價降為零的情況：

進行作多和放空的交易時：B 公司 90% 股份的市值

（27）＞波士頓公司（22）

① 放空高價的 B 公司 90% 股份

② 購買便宜的波士頓公司股票（作多）

分配股利時：B 公司 90% 股份的市值（期中從 27 漲至 32）＞波士頓公司（從 22 降至 0）

① 放空交易的損益：結束放空 B 公司 90% 股份。因為從價格從 27 上漲至 32，虧損 5（因為是放空，股價上漲則虧損）。

② 作多交易的損益：身為波士頓公司的股東，接收 B 公司股票，賣至市場。當初支付 22 買進波士頓公司的股票，而接收 B 公司股票後以 32 賣出，因此獲利為差額 10。

③ 總和損益：波士頓公司的作多交易的獲利 10，以及 B 公司 90% 股份的放空交易的虧損為 5，加總之下如事前預期擷取 5 的獲利。

這種交易在進行時，就確定能獲得從交易產生的未來最終利益，稱為「套利」交易。確實就是一物二價使套利得以成立。「組合作多與放空的交易」，聽起來有些複雜，但簡言之，就只是針對價值至少應相等的兩物，便宜

買進低廉的一方，高價賣出價高的一方，賺取差額。就這層意義而言，和先前國外旅遊的例子大同小異。

瞄準資產拆分的套利空間

許多人會想：「這種事情可能實際發生於市場嗎？」這類投資機會並非頻繁發生，但事實是過去也曾發生過好幾次。最有名的當屬 2000 年發生的 3Com 公司和 Palm 公司的案例。Palm 公司製造 PDA，屬於當時的高科技企業。若套入目前為止的例子，3Com 公司為母公司，也就是波士頓公司，Palm 公司算是資產分拆後的新興事業 B 公司。Palm 公司經過資產分拆而掛牌時，套利的機會就來臨了。

當時，關於這個套利機會，《華爾街日報》和《紐約時報》均大肆報導。因此，即使市場曾存在資訊不對稱，經過大間媒體報導應該也已消除，但眾人仍沒有抓住這次的套利機會。雖然在國外旅遊的例子中，資訊不對稱引發了一物二價的情形，但這個例子卻不一樣。

為什麼會發生這樣的事？原因眾說紛紜，但一言以蔽之，仍然是因為市場由人類組成，這個假說認為目前為止所介紹的各種認知偏誤重疊作用，而助長了投資人「非理性」的投資判斷。例如，Palm 公司掛牌發生於美國網路泡沫的時候，對當時的投資人而言，掛牌的新創企業股價

蒸蒸日上是理所當然的事。在這個狀況下，受「高估最近一次的現象」或「熱手謬誤」這些認知偏誤的影響，而助長了「非理性」的投資行動。

另一方面，不受認知偏誤迷惑，成功「掌控自我」的投資人可謂直接看見了套利交易這個絕佳的投資機會，儼然是在投資尋寶中「發現寶藏」。

即使如此，人稱市場中「沒有不勞而獲的事」，真的還存在這麼便宜的好事嗎？這個寶藏中暗藏什麼陷阱？

如這個例子般，起因於資產分拆的套利交易，重點在於可以在事前確認「最終」獲利。在波士頓公司和新興事業 B 公司的例子中，也可以在事前確認「最終」獲利，但實際上看見獲利是在六個月後分配 B 公司股票時。這六個月間，由於波士頓公司股票和 B 公司股票的動向，投資人可能會面臨「帳面虧損」，帳面虧損來自評價上的虧損。

例如，在剛才的套利交易例子中，進行交易後，若 B 公司股票又大幅上揚，波士頓公司的股票卻未漲這麼多，會變成什麼樣子呢？換言之，若市場更顯「非理性」，會是如何？寫成算式則如下述。

進行套利交易時：B 公司 90% 股份的市值（27）>

波士頓公司（22）

進行套利交易後：B 公司 90% 股份的市值（從 27 漲至 35）＞波士頓公司（從 22 漲至 25）

① 放空 B 公司 90% 股份的交易：－ 8（＝ 27 － 35）

② 作多波士頓公司的交易：＋ 3（＝ 25 － 22）

③ 帳面淨虧損：－ 5（＝－ 8 ＋ 3）

由於市場更顯非理性，原應同等的差額，從 5 擴大至 10。於是，本該從套利交易獲得＋ 5 的收益，反而卻成了帶有帳面虧損－ 5 的狀態。換言之，原應同等的差額越是因市場的非理性而擴大，帳面虧損就增加愈多。

即便如此，數字方面仍可確定在六個月後的「最終」獲利為＋ 5，這是不變的事實，只要置之不理，無論哪本劇本都會迎向同樣的結局，而其中的路線各異。身為套利交易的投資人，要帶著諾大的帳面虧損守株待兔，在心理上可是相當煎熬。

尤其是這個投資策略的放空交易部分，是針對「發燒」新興事業 B 公司股票做的放空。股價理論上的下限是零，而上限當然是無限大。因此，作多交易的最大虧損為當初投資的金額，但放空交易的虧損在理論上是無限

大。再怎麼確定「最終」獲利，要放空超夯企業 B 公司的股票仍需不少勇氣。

只增加壓力而不蔓延至實質虧損，那能克服精神上的負擔就沒問題了，但如果應對錯誤，「帳面虧損」有可能成為「實際虧損」，因此必須特別注意。尤其在以「他人的資金」一決勝負的時候千萬不可掉以輕心。比方說，請想像以下情境。

- 身為投資人的各位讀者發現這個套利機會。
- 這種投資機會實不多見，因此向家人和朋友等人籌措資金，進行交易。
- 到了期中，B 公司股票更加上揚，套利交易的帳面虧損更加擴大。自己深知就算如此最後也能賺錢，但部分朋友對於諾大的帳面虧損感到著急。
- 感到著急的朋友擔心更多的帳面虧損，要求在此停損。雖然你嘗試說服，但對方充耳不聞。
- 無奈之下進行停損。具體而言，你賣掉手中持有的波士頓公司股票，買回放空的 B 公司股票（進行相反的交易）。
- 結果，這個交易確定了虧損金額（發生實際虧損）。

如同這個情境，運用自己的金錢和運用他人的金錢相

比，自由度有所不同。也就是說，由於他人的判斷，而非自己的判斷，套利交易存在被迫強制結束的風險。「他人的資金」這層意義上，和股票信用交易等以保證金操作財務槓桿的投資相同。

無論如何看好該交易的「最終」獲利，半途中帳面虧損一旦擴大，就等著被要求強制停損。這種「運用誰的資金」，意即運用「哪類資金」，對投資人來說是大重點，我將於後面章節詳細說明。

非理性市場終會回歸合理結局

在現實世界中，也有許多投資人經歷過套利交易中「慘痛的龐大虧損」。如同 Palm 公司的例子，投資業界中有名的 Creative Computers 公司（母公司）和 uBid 公司（資產分拆的子公司）的案例更是如此。這兩間公司的狀況和 3Com 公司與 Palm 公司一樣。聰明的投資人當然進行了套利交易。只可惜 uBid 公司的投資人在掛牌後愈來愈不理性，套利交易的帳面虧損逐漸擴大。以下雖然是推測，不過很可能因為部分投資人承受不住帳面虧損，高舉白旗停損，股價因而更顯非理性，成了火上加油的情勢。非理性的市場最終當然會如事前預期般停在合理結局，因此若能「承受住」帳面虧損，套利交易就會賺錢，但「承

受不住」的投資人就會以實際虧損的形式遭受龐大虧損。

「市場的非理性，比你的支付能力還要持久。」

這句市場格言是凱因斯（John M. Keynes）的名言。若低估市場的非理性，會遭遇慘痛經驗，縱使是在尋找投資寶藏的時候亦然。

建構投資策略

到這裡，我從「資產分拆」、「套利」這些關鍵詞，介紹到建構並實行投資策略的部分，剛好有這個好機會，容我簡單說明當各位發現投資機會時，建構精準的投資策略以及實行過程中的重點。

▌瞄準市場的錯誤

建構投資策略時，首先要瞄準「市場的錯誤」。也就是說，針對「為什麼現在的市場有誤、該如何導正該錯誤」的問題，必須自行建立假說來回答。舉例來說，如果覺得某支股票的價格很便宜，針對為什麼市場讓它定位在

便宜價格、該怎麼做股價才會回到正常價格，必須自己建立假說驗證。

例如先前介紹的波士頓公司和資產分拆後的新興事業B公司的例子，可以將「市場的錯誤」瞄準在「人類的認知偏誤所引起的市場非理性，與一物二價的狀態」，並建立假說：「當市場回歸理性，這個狀態就會解除，導向獲利」。

再者，也可以運用目前為止介紹的「消息取得方法」和「消息解讀方法」這兩個解讀力根源。例如以下狀況：「市場低估了X企業這一季的業績。根據自己獨到的消息取得管道和解讀方法，業績應該更好一些。這會反映在這一季的財報上，股價就會因此上漲到正常價格。」

▍鎖定催化劑

瞄準了市場的錯誤並自行建立假說時的大重點在於，這個市場的錯誤會在什麼契機下消除。身為投資人，無論自己多麼「理性」且正確，若市場持續「非理性」狀態，可能一下單就持續帶著帳面虧損，永遠無法實際獲利。因此，必須在事前先鎖定好「契機」，這個契機就稱為「催化劑」。

例如先前介紹的波士頓公司和新興事業B公司的例

子，催化劑是「半年後分配 B 公司股票給波士頓股東」的活動。這個催化劑實際發生作用時，市場必定會從非理性回歸理性，因此就算交易陷入帳面虧損，可以事先看見目標，知道自己必須「承受」到何時。反之，若缺少催化劑，無論投資點子多麼優秀，都必須重新思考。因為正如同凱因斯所言，市場保持非理性的時間，可能持續得比想像中還長久。

▌選定交易方式

瞄準市場的錯誤，自行建立假說，也鎖定了催化劑之後，下一步是選定交易方法。若交易方法不存在於市場，難得的交易點子也無法付諸實現。

例如先前介紹的波士頓公司和新興事業 B 公司的例子，有作多波士頓公司股票的交易，和放空 B 公司股票的交易，也就是進行了這兩者的組合交易。此時，前提是波士頓公司股票和 B 公司股票兩者在市場均具有流動性，假設 B 公司股票的流動性極低，而無法進行放空交易，那這個投資策略本身就無法實現。這種交易上的限制會成為市場保持或擴大非理性的成因。

總結以上，滿足這三點的投資策略正可謂值得一試。因此，這邊介紹的源自資產分拆的套利交易，可說是幾乎

完美符合。如此接近完美符合的投資策略不多，希望各位
今後若發現投資機會，在建構投資策略時，能將這三點銘
記在心。

4
哈佛商學院最經典的研究案例（三）

「誰在」投資？
——釐清誘因者掌控投資

到目前為止，不只介紹了投資「什麼標的」作為解讀力的根源，也聚焦於「如何」投資的概念。

接下來，我將介紹市場上的玩家的誘因和投資之間的關係，這些市場上的玩家會加速發生「市場非理性動盪」。在經濟學中有個論述前提，就是「經濟人」基於金錢上的誘因而行動，但現實中，人類常基於金錢以外的誘因而行動。事前掌握這些誘因以找出投資機會，攸關解讀力。

即使執行相同的投資策略，由於「誰在」投資帶有不同誘因，績效表現也就有所不同。此外，投資人以外的玩家的誘因，以及隨之而來的行動，也會影響實行投資策略時的績效表現。

一流投資人不僅要「掌控自我」，還要「釐清他人的誘因」，藉以驅使解讀力，儼然就是「釐清誘因者掌控投資」。

機構投資人會被什麼誘惑？

提及市場上的玩家的誘因和投資之間的關係時，當然不可忽略市場的主角——投資客。但即使概括稱呼投資客，其中仍存在種類各異的市場參與者。若概略區分成兩大類型，就會是個別投資人與機構投資人。

即使稱呼機構投資人，從小型避險基金到大型資產運用公司，種類繁多，其共同點在於「收取他人的資金，並運用他人的資金」。換言之，就是所謂的「受雇投資人」，領取薪水而運用他人的資產投資。受雇的意義和其他行業的受薪階級沒有不同。另一方面，個別投資人可謂是「自行運用自己的資金」的投資人。

機構投資人當中，也有一群「收取他人的資金，運用自己和他人的資金」的投資人。這類投資人自行創立基金，以自營作業者的身分運用自己和他人的資產，不論好壞都會吸取自己的運用成果，許多一流投資人就屬於這個類別。這類投資人未必符合「受雇投資人」的表現。

接著，在此來思考一下占機構投資人一大半的受雇投資人的誘因。首要目標當然是提升自己運用基金的績效表現。不管哪個領域的受薪階級，首先都會被要求做出成果。但是，就算這麼說，實際上也沒那麼單純，無論是受

雇投資人還是其他行業的受薪階級都是如此。

首先，資產運用公司本身擁有向顧客籌集更多資產的誘因。這是因為，對資產運用公司來說，作為營收的手續費體系，來自運用資產乘上一定比例的金額。那麼，什麼樣的基金能籌到大筆資金？「做出好東西就能熱賣」的時代，在製造業的世界也許已經成為過去式，但在投資的世界仍然適用。在投資世界提到「好東西」，指的是運用績效良好的基金或商品。若締造表現突出的運用績效，將高收益回報給客戶，讓其他投資人聽聞此消息，自動就會籌到資金。因為在投資業界，績效高的新聞瞬間就會傳開來。

另外，關於此處所指的「運用績效良好」，在絕對基準上的良好固然重要，但在相對評價上也同等重要。也就是說，光是做出高水準的獲利仍不足夠，必須與進行同種投資策略的基金互相比較，而仍屬於最高水準的績效表現。

由於投資業界呈現這樣的結構，為了爭奪客戶的資金而反覆進行了激烈的競爭。對資產運用公司和基金來說，除了個別投資人，年金基金等其他「受雇投資人」也能成為大客戶。如同在製造業中存在製造商（委託者）和外包公司（受託者），受雇投資人彼此之間也會互相委託，試

圖提供最好的收益給自己的客戶。

這個爭奪資金競爭的結果很容易變得極端不平均。也就是說，市場上的熱錢一股腦地追逐著運用績效表現呈最高水準的基金，而另一方面，運用績效在中間或底層的基金則完全聚集不了資金。

所謂最高水準的運用績效，如前述所言，條件除了必要的絕對基準，在相對基準上也要在最高水準。因此，剛起步的小規模基金若在短時間內寫下高收益的紀錄，規模就會瞬間增大，而成為投資業界才有的成功故事。另一方面，運用績效若在中間或底層的排名中徘徊不前，不管經過多久都無法籌集資金，將漸漸走向淘汰。因此，特別是剛獨立的基金經理人，在一開始就呈現高收益的誘因就此誕生。

有趣的是，資金流入運用績效良好的基金，這部分存在不對稱性，另一方面，資金從績效表現不佳的基金流出，這部分也存在不對稱性。基金的績效表現若不突出，新的錢就不會進來，但另一方面，金錢未必會因為無法維持運用績效而出走。也就是說，各種研究結果顯示，雖然要獲得新的運用資金必須擁有突出的績效表現，但資金一旦到手，不用說維持突出表現了，就連比其他競爭對手還差時，資金流出的速度也相當緩慢。

關於這個現象，學界從經濟合理性到行為經濟學的觀點，建立了各式各樣的假設。例如，對投資人來說，重組基金需要負擔交易成本和各種手續費等成本。因此，若績效表現的差異不會剛好超過成本，就不存在轉換基金的經濟理性。

此外，從行為經濟學的觀點來看，或許只是投資人太隨便。不過在認知偏誤的章節裡也有介紹過，「大腦喜好慣性」是相當強而有力的認知偏誤，不可輕視。例如，可能直接將「預設」選項，設定在個別投資人的帳戶裡而不再更動。也有案例顯示，即使在投資的入門階段徹底調查各基金，投資調查結果中績效表現良好的基金，一旦完成投資，就滿足於投資行為本身，而怠惰了之後比較基金間的績效表現等作業。各位是否也有這樣的經驗呢？

▎可以少賺，但不能賠

有些大型資產運用公司的受雇投資人，已收到客戶託付的巨額資金來進行投資運用，從他們的角度來看，為了提高績效而冒著龐大風險的誘因會降低。即使提高突出的績效表現，也無法期待，如同身為自營作業者的基金投資人般獲得高報酬，但至少必須避免冒著龐大風險卻嚴重失敗，而落入被「解雇」的命運。背負這種「職位風險」的

受雇投資人，帶著運用績效比其他競爭對手相對「勝出一些」或「不至於輸太多」的誘因。

因此，經營剛獨立的小規模基金的自營作業投資人，和大型資產運用公司的受雇投資人之間，產生出完全不同的誘因。

機構投資人創造出的投資機會

受雇投資人占了機構投資人的一大半，有一群投資人則精準掌握這些受雇投資人的誘因，從中發現投資機會，因而發揮了解讀力。關於這個代表案例，葛林伍德教授竟聚焦於發生在日本股市的事件，就是日經平均指數大幅更換個股時的案例，如今，這也被當作千載難逢的投資機會而流傳千古。葛林伍德教授視此為受雇投資人的誘因所帶來的投資機會代表案例，撰寫了個案研究，並在課程中傳授給學生。

容我在此介紹這項個案研究。

哈佛商學院的個案研究會從一位主角的觀點切入，因為我們想給予學生一項命題：「如果主角是你，你會如何判斷。」因此，個案研究中交雜著判斷所需的事實。基於

教育的觀點，也常常故意寫得難以明瞭。然後，在課程中要求學生將散落的事實完整套入架構中，並有邏輯的說明自己的判斷結果。

這項個案研究確實符合這個型態。在此雖然不會列出所有的事實，而是簡單介紹概要，因此請針對「如果主角是你，你會如何判斷」這個命題，來思考個案研究。另外，數據資料為個案研究時設定的數值。

▍個案研究的概要

- 時間為 2000 年 4 月 14 日星期五下午。主角操盤手看見自己任職的投資銀行內，金融資訊終端機流出一則新聞，那一瞬間，他無法相信自己的眼睛。那則新聞快報竟然顯示，組成日經平均股價指數（日經平均指數）的 225 支個股中，要一口氣更換 30 支個股。日經平均指數如其名，是計算 225 支組成個股的股價平均值的指數。

- 一看見這則新聞，主角的腦中瞬間湧現投資人的直覺：「這會是個重大投資機會。」但是，這次更換個股從 4 月 24 日開始生效，時間不多了。主角放下手邊的工作進度，針對這次的投資機會，在腦中整理一番。

- 首先，在國內市場中，預估機構投資人至少運用約 2.4 兆元投入日經平均指數，目標在於讓這些錢和日經平均指數連動。也就是被稱作「日經平均連動型基金」或「被動型基金」的基金。此外，其他基金未必要求機構投資人運用的資金，和日經平均指數連動，但其中也有許多基金採用日經平均指數當作衡量績效表現時指標。因此，可以想像不只 2.4 兆元的日經平均連動型運用資產，會受到這次日經平均指數更換 30 支個股影響，而是有更多倍的錢會受到影響。

- 日經平均指數的組成個股改變，代表氾濫的日經平均連動性基金也同樣會更換投資組合。也就是說，日經平均連動型基金將賣掉確定從日經平均指數除名的個股，並購買確定新納入的個股。因此，確定從日經平均指數除名的個股股價大多會下跌，反之，確定納入的個股股價大多會上漲。調查過往的事例，可以知道在那之中，從宣布新納入個股的時間點開始，竟有個股的股價在短短幾天內漲了 15%。

- 這次更換組成個股的特殊之處在於規模。至今雖然會定期更換數支個股，但一次更換 30 支個股是前

所未有之事。有人質疑，其背景是至今的日經平均指數，充斥著所謂「舊經濟個股」，而少見近年在日本經濟中急速嶄露頭角的所謂「新經濟個股（高科技個股等）」（該時代背景在網路泡沫時）。一般認為，將日經平均指數作為指數管理，從法人的角度來說，可能想藉由納入這些高科技個股，讓這個股票指數更能反映日本經濟的實際狀態，因此才要大規模更換個股。

- 問題在於，這些當紅的新經濟個股的股價，比將除名的舊經濟個股的股價還高。因此，像是日經平均連動型基金要進行更換的交易，就算賣掉將除名的30 支舊經濟個股，光是使用賣掉個股的錢，仍不足以購買基金必須納入的30 支新經濟個股。因此，為了補齊不足的購買資金，還需要賣掉基金所持有的其他 195 支個股（＝日經平均組成個股數 225 －除名的 30 支個股）中的部分持股。

▎如何布局？

到此各位覺得如何？如果各位是主角，會發現什麼樣的投資機會，並建構、實行投資策略？

首先是投資機會，如同個案研究所揭示，至今日經平

均指數更換組成個股一事絕非罕見，但一次更換如此多支個股則極其稀有，因此可嗅出珍貴的投資機會。再者，為了讓機會成真，要建構投資策略。若運用個案研究的主角所建立的邏輯來構思投資策略，會形成以下的交易組合。

- 伴隨這次日經平均指數宣布更換組成個股，日經平均連動型基金，以及將日經平均指數當作指標的基金，應當會賣掉因更換而除名的 30 支個股，再以賣掉後的資金購買新納入的 30 支個股。

- 因此，伴隨這次的消息宣布，從日經平均指數中除名的 30 支個股的股價應該會下跌，新納入的 30 支個股的股價應該會上漲。

- 這樣的話，作為投資策略，應該要在日經平均指數進行更換之前放空除名個股，並作多新納入的個股，以此賺取超額收益。

到這裡應該相當容易推敲後面的劇本了。

那麼接下來試著思考開始實行這個投資策略的時機。最大的重點在於，日經平均指數宣布更換組成個股之後，市場是否會立刻反映這個事實與其後伴隨的交易影響。更換個股的新聞發布於 4 月 14 日（五）下午，這當然是公開消息，因此，最遲在發布後的第一個交易日，即 4 月

17 日（一），如果有投資人和個案研究的主角一樣，建立相同邏輯並實行這個投資策略也不稀奇。

此外，這個投資機會的重點——日經平均連動型基金，也許更換個股後，就會在 4 月 17 日（一）開始進行交易，而擾動了市場上的股價。這麼一來，就比較難透過這次的交易提高超額收益。因為除名個股已經被賣掉而使股價下跌，新納入的個股則已經被購買而使股價上漲。

▍機構投資人的不同考量

在思考這個問題時，剛才介紹的「受雇投資人的誘因」是一個提示。

如果在這個情境中，各位讀者是日經平均連動型基金的投資管理人，而非主角，你會採取什麼樣的行動？日經平均指數更換組成個股，並於 4 月 24 日（一）起生效。從 4 月 14 日（五）宣布到生效日之間還有十天。你確實非常需要更換自己所運用的投資組合，但要在該消息宣布後立刻進行交易嗎？例如，你要在消息宣布後的第一個交易日，即 4 月 17 日（一）進行交易嗎？

假設，你在 4 月 17 日（一）更換全部的 30 支個股，到 24 日（一）之前的那一個星期，你被委託投資的日經平均指數組成個股的 225 支個股中，有 30 支個股將和你

運用的投資組合的組成個股不同。

　　儘管是一個星期這麼短的時間，若這段期間中市場大幅變動，你的績效表現就會大幅偏離實際的日經平均指數。這麼一來，因為你未按照「日經平均連動型」這個基金的投資目標，身為基金經理人的資質很可能遭受質疑。縱使在 17 日（一）更換符合經濟理性，卻會由於這個行為，而讓基金經理人本身暴露在「職位風險」中。

　　換言之，和存在競爭關係的其他日經平均連動型基金的機構投資人相比之下，就算採取截然不同的行動符合經濟理性，卻會帶來自己身為投資管理人的職位風險，因此產生避免採取這個行動的誘因。

　　職位風險的程度也來自基金設定目標的「日經平均指數連動程度」。若為純粹的日經平均連動型基金，通常在基金的公開說明書中連最小限度的偏離也不允許，這是已經規定好的限制條件。因此，這已經超過誘因所衍生的職位風險，或許可稱為結構上的限制。另一方面，假設是將日經平均指數當作指標的主動型基金，則交由基金經理人來衡量投資組合要偏離日經平均指數到什麼程度。即使如此，對這些基金經理人而言，雖然程度不同，但運用的投資組合大幅偏離日經平均指數，代表要因同樣的理由去負擔職位風險。

考量以上事由，在這個情境中，我們可以成立以下假說：機構投資人為了躲避職位風險，必須將更換投資組合所伴隨的績效表現的偏離程度抑制在最小限度，而盡可能在日經平均指數更換個股生效前一刻，更換自己的投資組合個股。在經濟學上的觀點來看，機構投資人應將投資組合的績效表現做到最好，而前述行為或許是非理性的判斷，但若從受雇投資人的誘因觀點來看，可謂是合理抉擇。並非只有經濟理性決定人類判斷的合理性，不過，對於追求經濟理性的投資人來說，以經濟理性以外的判斷基準來追求合理性的股市玩家，會成為絕佳的交易對手。

▌預期機構投資人行動，把握絕佳交易機會

假設這個說法正確，可以預測在更換組成個股生效日24日（一）前一刻，這些受雇投資人會同時採取下述投資行動。

- 賣掉從日經平均指數除名的 30 支個股。結果，大量賣出這些個股，將股價壓低。
- 購買日經平均指數納入的 30 支個股。結果，大量買進這些個股，將股價推高。

換言之，事情的發展依照個案研究的主角所計畫的。

而且，對於如同個案研究的主角之類的投資人而言，他們沒有受雇投資人的這種誘因，這是絕佳的投資機會。14日（五）宣布後，他們迅速放空除名個股，並買進新納入的個股。然後，在24日（一）更換前一刻，由於機構投資人賣掉除名個股，除名個股的股價下跌，新納入的個股股價上漲。因此，這個投資策略的作多交易和放空交易價值均提升。若在此時結算獲利，這個投資策略就成功了。

那麼，到此你覺得如何？這個投資策略似乎進行得很順利。但是，個案研究的主角還沒結束行動。

主角接下來關注的是日經平均指數更換個股之後。

假設，日經平均指數如預期更換個股，事情的進展也如事前預期。此時推測會發生以下狀況。

- 新納入的30支個股在更換前一刻被大量的基金買進，由於這個需求，股價成為上漲狀態。
- 另一方面，除名後的30支個股在更換前一刻被大量的基金賣出，由於這個賣壓，股價成為下跌狀態。

基本面投資人的策略

如此來看，由於更換前一刻的供需情形，日經平均指數的組成個股的股價起起伏伏。但是，這些成為更換對象

的企業的基本面，會因為這個活動而改變嗎？如果問基本面投資人，他們的回答是「不」。這些股價都只是受市場技術性的供需影響。

那麼，如果各位是投資人，下一步會採取什麼樣的投資策略呢？不妨看看下述投資策略。

- 無論是新納入的個股還是除名個股，都是由於日經平均指數更換個股這個特殊的事件而使股價漲跌，這些事情都和企業的基本面毫無關係。
- 因此，當這個「特別需求」的浪潮消退，這些個股應該會回歸到反映基本面的股價。

然後，按照這個投資策略實行以下交易。
- 儘管除名個股在基本面沒有任何變化，卻因為特殊事件而被瘋狂賣出，針對這些個股，下一步要買進。
- 儘管新納入的個股在基本面沒有任何變化，卻因為特殊事件而被瘋狂買進，針對這些個股，下一步要放空。

換言之，要進行和更換前相反的投資策略。當這個「特別需求」的浪潮消退，回歸到反映基本面的股價，這

些交易也就能產生超額收益。

　　但是，這個投資策略中有一個唯一的困難點，就是沒有催化劑。更換個股前的投資策略中，存在 4 月 24 日（一）更換個股生效的明確催化劑，但這一次的交易要在更換對象的個股回歸到反映基本面的股價時進行，在某種意義上來說只能「等到市場變得理性」。如同目前為止所述，「等到市場變得理性」可能要花費比想像中還長的時間，也存在市場變得更不理性的風險。不過，若投資人不為所動的等待，就能掌握致勝先機。

　　以上概要是日經平均指數更換個股的個案研究相關投資策略。在實際的課堂上，這個個案研究的主角現身成為來賓，詳細述說了當時的心境。若閱讀個案研究的文本，會覺得這理當是極其罕見的投資機會，本來就該實行個案研究的投資策略，但那終究只是認知偏誤所帶來的結果論。從實際在股市中奮鬥的投資人的觀點來看，必須在有限的時間中快速發現投資機會，並建構投資策略、確保投資原資，進而鼓起勇氣付諸投資行動。反過來說，只有能夠實行這個投資策略的人可以讓機會成真。

　　最後是關於這項個案研究的題材，即日經平均指數更換組成個股，它的實際後續情形。從結果來看，事情按照目前所介紹的投資策略的劇本發展。新納入的 30 支個股

由於更換生效前一刻的特別需求而使股價上漲。這些個股就以這個特別需求所帶動增長的股價，進入日經平均指數。結果，新納入的 30 支個股在日經平均指數所占的組成比例，比宣布納入時高出許多。

另一方面，許多基金為了購買新納入的個股，不僅賣掉除名個股，也賣出其他組成個股，因此這些個股的股價進入下跌的狀態。然後，原本由於特別需求而使新納入的個股股價增長，在更換個股後，這些股價則逐漸下跌（回歸基本面）。

此外，關於這一連串的事件，據說如此大規模更換個股的結果，導致日經平均指數的連續性在那個時間點中斷，難以針對其前後進行適當的比較分析。

與交易動機高度相關的市場心理

從受雇投資人的誘因中發現投資機會，再建構投資策略並加以實行，迎向成功，說明以上過程的好例子就是日經平均指數更換組成個股的個案研究。此外，這個例子也充分揭示了該誘因的相關概念——「交易動機」的重要性。在此我想稍微談談這個「交易動機」。

所謂交易動機，如字面上的意思，指的是「投資人進行交易的動機」。身為投資人，無論購買或販賣一件資產，知道對方的「交易動機」是相當要緊的事，這或許是理所當然。

尤其是在資訊不對稱的時候非常重要。比方說，假設各位正打算購買 A 企業的股票，而知道試圖賣出股票的人是 A 企業的董事長。董事長理應遠比各位還要熟悉 A 企業，那董事長又為何想賣掉自家公司的股票？是因為「A 企業未來的預期營收慘澹」？抑或是「因為董事長的個人資產偏重於 A 企業的股票，為了分散個人資產而預計賣掉 A 企業的股票，投資日經平均指數」？這兩者代表的意義當然截然不同。這種時候，各位是否正確掌握對方的「交易動機」，將形成莫大差距。

但是，大部分的交易都在市場上進行，因此，買賣雙方存在資訊不對稱的情形應該不多。上市上櫃股票的買賣雙方，其交易動機集中在「市場觀點」，例如，針對交易標的的股價，賣方認為高價，買方認為便宜。這類交易動機中，特別會促成投資策略成功的要素少之又少。

然而，如同日經平均指數的個案研究般，對方的交易動機明確，而且並非由於市場觀點互異，又與經濟理性毫無關係，這種情況又是如何？在日經平均指數的個案研究

中，日經平均連動型基金的受雇投資人，並非因為除名個股的價格高昂而賣出，而是由於基金的限制或職位風險等原因，使其不得不賣出。這種交易動機出自經濟理性之外的賣方，稱為「非經濟賣方」，而相同情形的買方則稱為「非經濟買方」。

非經濟賣方也許缺乏經濟理性，但絕非不理性。因為他進行交易的理性基準來自經濟性以外的觀點。在日經平均指數的個案研究中，於除名個股被除名的前一刻作賣出，在經濟性方面不具理性，但從受雇投資人的誘因和基金的結構來看，可謂合理。另一方面，若位於這場交易另一邊的投資人只追求經濟理性，則這場交易成為彼此之間不同需求的互補機制，儼然是「雙贏」局面。

無論投資或經營管理，找出形成「雙贏」的機會可謂成功的捷徑。從只優先追求經濟理性的投資人來看，若能基於交易動機或非經濟賣方這些關鍵字找尋投資機會，就能發現獲得超額收益的機會。就如同日經平均指數的個案研究，如果能事先掌握非經濟賣方的誘因或結構上的限制所產生的交易動機，當投資機會到來，就能迅速執行投資策略。

發現非經濟賣方並不容易，以下列舉的內容可當作尋找的提示。

1. 和受雇投資人的限制條件相牴觸的現象

日經平均指數更換組成個股的個案研究簡直完全符合這一項。如此大規模的更換行動在歷史中少之又少，而受雇投資人會定期更換指標指數的組成個股。其他例子還有投資公司債的基金，若某項標的的評等下降，由於基金的規定將無法繼續持有該標的，此時，基金經理人一定要賣掉這項標的，因而成為非經濟賣方。

2. 市場的流動性枯竭時

上一次雷曼兄弟破產而引發的世界金融危機中，市場的流動性枯竭，受雇投資人面臨必須將基金保有的資產變現，並歸還給委託者的局面。為了變現，任何東西都必須賣掉的投資人儼然成為非經濟賣方。這種時候，首先會從賣得出去的東西開始賣起。所謂賣得出去的東西，是相對來說品質較優的資產。因為品質差的東西就算想賣也賣不掉。換言之，當非經濟賣方兜售品質較優的東西時，如果到他面前向他購買，就會是珍貴的獲利機會。透過這個過程，部分一流投資人在上一次的金融危機中寫下了高獲利紀錄。

3. 規定改變

有時候，由於某些規定上的改變，受雇投資人無法再持有特定資產。例如，由於規定改變，金融機構變得必須大量減少風險高的特定資產。不過，規定改變大多會設立緩衝期，很少受雇投資人會如同市場的流動性枯竭的例子般，兜售所有被限制的資產，那種程度的非經濟賣方相當罕見。

總結以上，站在非經濟賣方的另一邊，進行投資策略以追求經濟理性，可謂能有效發揮解讀力的方法。在這層意義上，盡可能別讓自己成為非經濟賣方也是一大重點。如同前述，受雇投資人無論如何都擺脫不了經濟理性以外的誘因和結構上的限制，因為他們必須迎合託付運用資金者的意思。另一方面，像是個別投資人就沒有這種障礙。因此，投資哪種性質的資金，這個重點也是解讀力的重大要素。關於這點，我將於本章後面的小節說明。

激進投資人與激進放空投資人

到目前為止，我介紹了受雇投資人的誘因和交易動機所帶來的投資機會。

接下來要介紹的投資人，在眾多投資策略中採取最「醒目」的策略，他就是激進投資人。

在美國電影和電視影集中，許多登場角色會引用知名電影的台詞抒發意見或開玩笑，而這個傾向不僅存在於戲劇世界，現實的日常生活亦然。筆者於哈佛商學院留學期間，和美國朋友一同用餐時，大家常在談話中引用電影或影集台詞。如果沒看過那些電影和影集，當然無法進行對話和開玩笑。這讓我深深體會到，除了詞彙，溝通時還必須掌握文化背景。

激進投資人

美國在各種場合都會引用電影和影集的台詞，關於投資的話題也是如此。接下來考考各位一個問題。

以投資人為題材的電影不多，即使如此，人盡皆知且常被引用的投資人是誰？

答案是高登・蓋克。他是 80 年代名作《華爾街》的男主角，也登場於前幾年推出的續集中，想必有許多人看過這些電影。電影中最有名的一幕，是蓋克打算併購一間公司，在那間公司的股東大會上，他為了說服股東們而進行了一場演說。尤其是演說中「貪心是好事（Greed is good.）」這句台詞，成了電影史上數一數二的名言，也

廣為一般人所知。

　　置身金融產業的年輕專業人士當然沒有人沒看過，其中也有強者能背誦出蓋克在股東大會的演說。

　　以這層意義來說，蓋克可謂世界最知名的激進投資人。所謂激進投資人就是「意見很多的股東」。激進投資人集中購買上市上櫃企業的股票，得到某種程度的發言權之後，會行使股東的權利，對董事會和經營團隊提出各式各樣的要求。那些要求概括來說就是改善經營的方針。舉凡解雇案、事業根本的改革案、董事會或經營團隊的退位等等，種類繁多。這些要求都是在否定董事會和經營團隊的既有做法，自然經常與董事會和經營團隊形成對立關係。激進投資人逼迫公司改善經營，藉此提高公司的價值。公司價值愈高，自己所持有的股票價值也愈高，這就是激進投資人的目標。

▋激進投資人影響經營團隊的方法

　　激進投資人的提案對企業而言，大多是重要的經營判斷。依照不同的內容，有些不僅經營團隊，還必須經過企業的所有者，即股東的同意。而且，除了經營判斷，例如改組董事會等關於公司領袖的重大判斷，也必須經過股東同意。激進投資人提出改善經營的方針時，多會一併提出

改組公司領袖的議案，並試圖直接向股東訴求這類提議。

股東可透過股東投票行使自己的股東權利。政治投票以一人一票為原則，但股東投票則以個人持有股票數來決定投票數。激進投資人雖然為了保有對企業發言的分量而持有一定數量的股票，但很少人會持有過半數的股票。因此，為了通過自己的議案，必須說服其他股東投票。

另一方面，若為牴觸既有經營方針的議案，董事會和經營團隊當然會拉攏股東投下反對票。這種激進投資人和董事會或經營團隊為爭奪股東的票而形成的對立，稱為「委託書爭奪戰（proxy fight）」。高登·蓋克在電影中的著名演說，也是這場委託書爭奪戰的最高潮，是他在股東大會直接向股東訴求的場景。激進投資人必須如同高登·蓋克般，不畏懼在公共場合和現任經營團隊對抗，面對挑戰仍堅定如山。

提到現代的「高登·蓋克」，就會想到卡爾·伊坎（Carl C. lcahn）、比爾·艾克曼（Bill Aikman）等大型避險基金的一流投資人，他們運用的資金數以兆（元）計。激進投資人中，從目標放在大企業的大型避險基金，到目標放在小規模企業的中小型避險基金，類型多元。尤其大型避險基金的知名激進投資人，經常曝光於彭博社等金融媒體上，也廣為個別投資人所知。因為他們是「意見很多

的股東」，會在電視和雜誌上宣揚自己的主張，盡可能訴諸更多股東，這可謂投資策略的一環。因此，我們可以說激進投資人以「出鋒頭至上」。

在避險基金的眾多投資策略中，激進策略可說是特別受歡迎的策略。這是因為，只要採取激進策略，自身行動就能成為股價上漲的催化劑。如前所述，有效的投資策略必須要有催化劑。即使發現便宜的股票，若缺少契機讓市場注意，使股價上漲，無論經過多久時間，持有的股票都會位處低價而無動靜。針對這點，採取激進策略就可藉由自身行動，為該間企業帶來催化劑。日本名將豐臣秀吉嘗言道：「杜鵑不啼，設法誘之。」此策略可謂是相似的概念。

▌激進放空投資人

此外，說到激進投資人，通常是如同高登‧蓋克般購買股票而取得發言權的投資人，也就是進行作多交易的投資人。然而，和作多交易相反，大量累積放空交易的投資人也存在於市場中，他們會呼籲目標公司的既有股東「股價在高點」。這嚴格來說不是激進投資，這類投資人在市場上稱為「激進放空投資人」。

他們針對目標公司，策畫大量放空策略；對於既有股

東和市場，他們訴諸媒體，宣稱「這支股票因為○○而極其高價，股價將以○○為開端崩盤」。這不符合以往身為企業買主而行使股東權利的激進投資概念，但針對投資（放空投資）的大小有意見，直接訴諸一般股東，自己製造催化劑，這種投資風格常被視為廣義的激進策略。代表例子有大衛・安洪，他放空金融危機時破產的雷曼兄弟公司股票，並持續在公開場合和經營團隊對峙；還有同樣放空安隆公司股票的吉姆・查諾斯。

作多和放空交易都存在激進投資人，這表示雙方有時也處於對立關係。近幾年蔚為話題的是關於健康食品公司賀寶芙的論戰。進行作多交易的激進投資人伊坎，以及宣稱該公司的商業模式為老鼠會（pyramid scheme）並進行放空交易的艾克曼，兩人之間展開激烈的論戰，金融媒體也大肆報導此兩大人物的對決。就在經濟專業頻道 CNBC 現場直播兩人論戰的時候，市場的關心熱度也達到最高點。兩人唇槍舌戰的影片經由社群媒體瞬間流傳開來，因此成為一大話題。從以出鋒頭為首要目標的激進投資人來看，說不定事情的發展正如兩人所料。

激進投資人創造的兩大超額效應

如同上述，激進策略可望帶來龐大的超額收益，而且

能夠控制催化劑的時機，簡直是充滿優點的投資策略，會流行於避險基金之間或許也是理所當然的。但是，事情真的這麼順利嗎？激進策略有實際提高收益嗎？還有，如果真能提高收益，它的源頭是什麼？

解答上述疑問的人是葛林伍德教授。在葛林伍德教授的課堂上，各式各樣來自大型避險基金的來賓登場，任誰談及激進策略，一定會引用葛林伍德教授的研究和論文，並大加讚賞。這是內行人才知道的投資業界知識，在此容我稍加介紹。

過去的研究中，並沒有歸結出激進策略會直接促成股東價值提升（股價上漲）。一般認為，激進投資人向投資企業所提出的經營改善方針，對企業營運的影響效果有限，無法看出和股東價值提升的明確關聯。

不過，近幾年的研究，開始認同激進策略有一定效果。例如，宣告效應。研究結果顯示，避險基金對目標企業公開進行激進策略時，目標企業的股價會上漲，短期能獲得 7% 的超額收益。當知名激進投資人表態持有目標企業的股票，股價經常就此上漲，這就符合這個效應。這是由於大型避險基金採取激進策略，牽動了股東價值提升的期待感。

再者，不只在短期，研究已知這在長期也存在超額收

益。研究內容顯示，除了短期的宣告效應，長期來看，激進投資人也提供股東價值提升的附加價值。換言之，研究者觀察到以下兩種超額收益： 短期的宣告效應、 長期的附加價值效應。

那麼，這些超額收益的源頭為何？若要創造符合邏輯的假說，大概會是：「激進投資人革新了董事長或經營團隊，抑或促成經營團隊改善營運，使得企業價值提升」。這假說感覺理所當然，也符合激進投資人的形象，但是，至今尚未出現證明此假說的有力研究。此外，也有一種說法是藉由加強股東回報政策（提高股利，或增購自家公司股票），而使股東價值提升，但這並非定論。

葛林伍德教授在論文中針對這個超額收益的源頭，成立了有別於以往的假說，並加以驗證。此假說如下。

「激進投資人的超額收益源頭，取決於目標企業是否被併購。」

也就是說，此假說認為，激進投資人的附加價值不是使經營改善方針實行或革新管理團隊，而在於最終促成其他公司高價併購目標企業。

此假說雖然顛覆了至今激進投資人的形象，但其邏輯

本身相當合理。激進投資人本來就不堅持要改善經營，因為他們的誘因是追求經濟理性，而非改善經營讓企業東山再起。改善經營只不過是其中一種手段罷了，若能運用其他方法提高收益，激進投資人不會有所拘泥。

而且，對激進投資人而言，若自己投資策略的催化劑是「併購目標企業」，這可謂是最樂見的一種結局。首先，若要談併購，提議就必須吸引「併購方」和「被併購方」的股東。因為公司易主是經營的重大事項，必須經過「被併購方」的股東投票。因此，提出併購案時，會提供超出最近一次股價的高昂價格給「被併購方」的股東。這個高昂價格對包含激進投資人在內的「被併購方」的股東來說，代表獲利的意思。

▌併購對投資人的影響

若投資策略的結局為「目標企業被併購」，除了股價上漲獲得龐大收益外，也不須擔心退場問題，此為一大優點。採取激進策略時，當然會大量取得目標企業的股票。而取得愈多股票，在目標企業就握有愈高的發言權，因此策略的實際效果也愈強；但另一方面，目標企業的股票流動性會漸趨枯竭，到了要賣出股票的時候將難以找到買方。就算策略成功，使股價上揚，若買方未出現而無法實

現獲利，就成了空畫大餅。此時，必須花時間慢慢賣出，這段期間中價格也可能下跌。因此，若退場時機在目標企業被併購時，由於併購方全以高價購買，就不須擔心流動性了，儼然是理想結局。

為了驗證這項假說，葛林伍德教授檢驗了 1993 年至 2006 年間成為激進策略目標的美國企業案例。這項研究僅針對傳統的激進投資人，不包含激進放空投資人。從結論來說，在目標企業最終被併購的案例中，激進策略可獲得龐大的超額收益，但另一方面，未發展至併購的案例（半數以上的激進策略案例），其超額收益在長期幾乎為零。整理結論如下述。

- 目標企業最終被併購的案例，其短期宣告效應：約 5%
- 目標企業最終未被併購的案例，其短期宣告效應：約 2%
- 目標企業最終被併購的案例，其長期附加價值效應：約 26%
- 目標企業最終未被併購的案例，其長期附加價值效應：約 0%

也就是說，激進策略的超額收益源頭，為目標企業被

併購而得到併購的高昂價格。至今，激進策略的超額收益源頭給人的固定印象為目標企業改善經營，而這個結論截然不同，是相當發人深省的內容。

有趣的事實是，在目標企業最終被併購的案例中，激進投資人當初宣告執行激進策略時，大多提出經營改善方針等的議案，而非目標企業的併購（即易主）案。換言之，執行投資策略時，並未一開始就將易主當作催化劑，多數案例是在宣告後修正路線，最後易主成為退場時機，而產生超額收益。

因此，我們已可鎖定超額收益的來源了。

間接成為企業併購的銷售員

下一個謎團則是激進投資人的技能和結果的關聯，可以提出兩種假說。

- 由於激進投資人出現，目標企業得以被併購。也就是說，如果激進投資人未出現，就不會有併購案，目標企業的股東也無法擷取併購的高昂價格。

- 無論激進投資人出現與否，都不會改變目標企業最終被併購的結論。也就是說，激進投資人擅長選擇容易成為併購對象的低價股票，超額收益為其擁有此項技能的佐證，但激進投資人的投資和併購的結

果之間，無直接的因果關係。

此外，針對容易成為激進投資人的目標企業特徵，可以提出以下幾點。每項都是發掘容易成為併購對象之低價股票的指標，在市場中也廣為人知。

- 企業規模較小
- 評價（股價淨值比等數值）低
- 報導的證券分析師人數少
- 業績比其他同業差

葛林伍德教授針對這些疑問也進行了驗證。結果顯示，比起激進投資人未接觸的企業，他們有參與的目標企業被併購的可能性較高。換言之，激進投資人投資目標企業的行為和目標企業被併購的結果大有關係。

此結果可以有兩種看法。一種看法是，激進投資人自行行動，將目標企業推銷給候選買主，藉此促成目標企業的併購案。也就是說，激進投資人化身為目標企業的「銷售員」，直接幫助確保新東家而提高了併購的可能性。身為「銷售員」，找出盡可能高價購買自家公司的買主可謂其實力所在。

另一種看法是，激進投資人向市場宣告對目標企業採

取激進策略，此行為本身對候選買主而言，具有訊號提示的作用，因此促成了目標企業的併購案。

也就是說，激進投資人的行為本身雖非刻意，但間接提高了併購的可能性。換言之，候選買主認可激進投資人的解讀力，利用其解讀力得以「發現」便宜的併購對象。

從激進投資人的立場來看，不管是直接或間接，當併購者出現就能成為自己投資策略的催化劑，因此是如願以償，兩者之間為雙贏關係。

具代表性的激進投資人高登‧蓋克會在目標企業的股東大會上發表著名的演說，也都是為了投資的獲利。總之「貪心是好事」，激進投資人的誘因就是經濟利益，別無他者。

為此，對目標企業提出改善經營或新經營團隊的議案，也是手段之一，而葛林伍德教授則揭示，若投資對象未成為併購目標，就難以享有獲利。

因此，激進投資人的解讀力根源，就在於找出比較有可能被併購的投資對象，並將之推銷給候選買主。所以很多人把併購比喻為結婚，或許優秀激進投資人的本質，其實是優秀的月下老人，懂得如何讓兩家企業合併後，價值能夠被放大，從中找到他人看不見的價值。

法人會被什麼誘惑？

目前為止我從各類投資人的角度，講述誘因與解讀力的關係。接下來，我將介紹市場中和投資人同等重要的玩家的誘因與解讀力，那就是投資人的投資對象——企業。

企業發行股票和債券，周轉資金以經營事業，投資人則投資股票和債券。從交易關係的角度來看，企業是賣方，投資人為買方。如果僅追求經濟理性，那賣方會想盡量高價賣出，買方則盡可能設法低價買入。因此，企業試圖將自家公司的股票和債券盡量高價賣給投資人。

不過，當企業以有別於經濟理性的誘因行動時，狀況就變得比較複雜。

舉例來說，上市上櫃的 A 機電製造商擁有並經營從事半導體事業的 B 未掛牌子公司。身為母公司的 A 機電製造商讓 B 子公司追求經濟理性，盡可能提高獲利，因為藉此 A 母公司所持有的 B 子公司股票價值將升高。另一方面，對 A 母公司而言，B 子公司的價值並非僅單純基於經濟理性。

例如，A 母公司為了穩定自家產品用的半導體供應，可能會讓 B 子公司優先配送半導體。另外，基於 A 母公司的計畫，也可能讓 B 子公司進行設備投資。這些都不

僅具有經濟理性，還有 A 母公司看出 B 子公司對 A 公司來說是「方便的周轉單位」的價值。另一方面，從 B 子公司的角度來看，基於自家公司所供應的半導體供需情形，比起供應 A 母公司自家產品，供應給其他公司時的報酬率有可能較高。因此，若從 A 母公司的限制中解放，以個體為單位經營時，B 子公司的企業價值可能提高。

這麼一想，由於 A 母公司處於集團折價的狀態，A 母公司的投資人要求賣掉 B 子公司或進行資產分拆也不稀奇。若 A 母公司只追求經濟理性，比起在自家公司旗下經營 B 子公司，不如進行資產分拆，以高價賣出 B 子公司的股票還比較合理。但是，A 母公司握有一項獨特優點，就是掌控 B 子公司可確保半導體穩定供應。可確保半導體穩定供應的這項優點可能對 A 母公司的企業價值有很大的正向作用。這麼一來，或許對 A 母公司來說，將 B 子公司收歸旗下也符合廣義的經濟理性。

那麼在此，若各位是 A 母公司的董事長，會如何做決定呢？應該會想將 B 子公司的企業價值提升至最高，同時也保留「方便的周轉單位」這項優點。如果存在這種「兩全其美」的方法，身為董事長就擁有追求的誘因。例如，下述方法如何？

- A 母公司讓 B 子公司掛牌，將一部份的股份賣至市

場。

● 自家公司持有 B 子公司過半數的股份。

　　這種母公司和子公司兩者均掛牌的狀態稱為「母子公司掛牌」。如果 A 母公司釋放所有 B 子公司的股份，兩間公司就會解除母子關係，而非母子公司掛牌。但是，這個例子中 A 母公司繼續持有 B 子公司半數以上的股份，因此兩間公司未解除母子關係，於是成了「母子公司掛牌」。藉由採取此方法，A 母公司可以賣出部分 B 子公司股份，獲得賣出的利益。然後，A 母公司可以將賣出的利益轉移至其他事業，也可以回報給股東。另外，由於繼續持有 B 子公司過半數的股份，實質掌控 B 子公司的經營權，因此可繼續享有「方便的周轉單位」的優點。

▍容易被忽視的代理成本

　　這個選擇對 A 母公司而言盡是優點，但如果各位是 B 子公司的股東，會如何看待？身為 B 子公司的股東，會希望將自家產品賣給報酬率最高的對象，追求最大的企業價值。然後，若這樣的對象並非 A 母公司，或許賣給其他公司，而非 A 母公司，對提升 B 子公司的企業價值才是最佳之選。

另一方面，A母公司也是B子公司的股東，因為持有過半數股份而實質掌控經營權，經營團隊也很可能聽取A母公司的意思行動。

如此一來，經營公司的經營團隊和身為公司所有者的股東之間，時常產生不一致的利害關係。其所帶來的企業價值損失稱為「代理成本」。對身為公司所有者的股東而言，經營者為委任經營的「代理人」。但是，由於代理人介入其中，比股東直接經營的案例花費更多成本，這些成本總稱為代理成本。

▌注意母子公司

母子公司掛牌形成代理成本特別高的結構。因為A母公司面對B子公司，可以無視B子公司的股東，為追求自身的利益，進行實質的經營。因此，B子公司的股東（A母公司以外的少數股東）必須扣除這個代理成本計算出B子公司的企業價值，並基於這個數值來投資。反之，身為A母公司，如果能盡量讓B子公司的股東低估代理成本，即可高價賣出B子公司的股票。換言之，A母公司和B子公司的股東帶有不同的誘因。

葛林伍德教授聚焦於母子公司掛牌後，所帶來的這些誘因的差別，以及其所導致的超額收益的機會。因此，

他針對日本市場中 431 件母子公司掛牌的案例進行研究。
我先前曾提到葛林伍德教授以日本為研究對象，此研究之
所以選擇日本，是因為母子公司掛牌的現象在日本特別
明顯。

葛林伍德教授在進行母子公司掛牌的研究時，成立了
以下假說。

- 當市場高估子公司的企業價值、同時低估代理成本
  時，母公司會讓子公司部分股份掛牌，取得賣掉股
  份的利益。

- 子公司掛牌後，經過一段時間，市場逐漸開始發現
  高估了子公司的企業價值（低估代理成本），當市
  場試圖讓股價適當的反映代理成本，子公司的股價
  會比剛掛牌時低。

- 在子公司的股價下跌時，母公司將買回價格比剛掛
  牌時低的子公司股份。子公司變回母公司 100% 持
  有的子公司，於是代理成本消失（由於所有權和經
  營權再次合併）。因此，子公司的企業價值上升，
  將之吸收的母公司的企業價值也有所增長。

葛林伍德教授的檢驗顯示以下結果。

- 在母子公司掛牌的案例中，母公司會在子公司的事

業價值被高度評價時讓子公司掛牌（例如網路泡沫時的資訊公司）。深究子公司掛牌後兩年間的平均累積收益，在母公司為 2.6%，子公司為負 8.7%，子公司的股價大幅下跌。

- 此外，從研究結果可知，母公司和子公司之間，在子公司掛牌時被認為代理成本愈高的案例，例如母子公司之間事前擁有交易關係等，掛牌後子公司股票的跌幅也愈高。也就是說，一開始投資人低估代理成本，之後，由於股價正確反映，子公司股價因而下跌。

- 研究對象的母子公司掛牌的案例中，約四分之一的母公司已買回子公司的股份。假設在剛掛牌時購買這些被買回的子公司股份，其投資收益的中位數為－ 41%。換言之，母公司在市場高價賣出子公司股份，日後再便宜回購。

高價賣出，低價買回，這是典型的放空策略。葛林伍德教授的研究揭示，母公司讓「高價」的子公司股票掛牌賣至市場，當跌至正常價格時再回購，屬於放空投資人。這也證明企業的經營團隊，發揮了身為投資人獨有的解讀力。

新公司上市的陷阱

母子公司掛牌的案例中，關於子公司股價在剛掛牌時處於「高價」的證據，如同先前當作資產分拆的例子而舉出的 3Com 公司和 Palm 公司的故事，當然可歸因於子公司的事業當紅，市場因此形成非理性的反應。但是，除此之外，如同葛林伍德教授的研究所示，「市場低估代理成本」也是剛掛牌時股價在高點的重要原因，值得受人矚目。在這類狀況下盤算要不要投資時，必須適當的考量這兩點，再策畫投資策略。如果稍有不慎，很可能造成之後的慘痛經驗。

在葛林伍德教授的研究結論中，反而是母公司的經營團隊擁有解讀力，而不是投資剛掛牌的子公司股票的投資人。那麼，基於這個研究結果，是否存在子公司的投資人可以發揮解讀力的投資策略呢？

比方說，雖然市場在子公司掛牌時低估了代理成本，但經過一段時間，市場發現代理成本的適當價值，子公司的股價因而下跌。反之，若在這個狀況中確定股價下跌的原因，除去那個原因則股價就會上漲。也就是說，如果消除代理成本的根本源頭——母子公司掛牌，子公司的股價會上漲，子公司的股東也能得到利益。此處要建立的投資策略，就會是投資子公司的股票，採取激進策略，藉以逼

迫母公司解除母子公司掛牌，全數回購子公司股票。催化劑為「併購子公司」，從先前所介紹的激進策略研究成果的觀點來看，可謂樂見其成。

不只一家避險基金實際在日本嘗試過這項投資策略。其中相當有名的是知名激進投資人理查·佩里（Richard Perry）率領的佩里資本。葛林伍德教授和他相當親近，也撰寫過佩里資本的個案研究，還邀他來課堂上當座上賓。

然而，這個策略並非總是成功。為什麼呢？因為催化劑「併購子公司」的對象只有母公司。若為其他案例，激進投資人可以化身為子公司的「銷售員」，向其他公司推銷子公司。但是，若為母子公司掛牌，由於母公司掌控過半數的股份，未經母公司同意無法賣給其他公司。而且，母公司帶有經濟理性以外的誘因，不會只憑經濟理性這個理由，就做出將子公司賣給其他公司或自己回購的判斷。最終，除非帶有和投資人不同誘因的母公司有這個意思，否則催化劑無法成立，這以投資策略而言可謂相當困難。

市場上，並非只有投資人具備解讀力。位處投資人另一邊的企業也時常發揮自身的解讀力，獲得超額收益。身為投資人，不僅要解讀其他投資人的誘因，也要解讀企業的誘因，並基於這些分析建構投資策略，加以實行，此可謂成功捷徑。

國會動向會影響股價？

到這裡，我從投資人和企業雙方的觀點，談論了誘因和解讀力之間的關係。

在此，有別於投資人和企業，我將針對非直接的市場當事人，卻對市場具有強力影響力的人士，論述其誘因和解讀力的關係。

這些人是各界政治人物。

政治人物和目前為止提及的投資人、企業、證券分析師等角色不同，並非直接的市場玩家。但國內的政治情勢當然對國內市場影響甚鉅，市場因政治要角的言行而受牽動是常有的事。

驅策政治人物的誘因究竟為何？可以了解，從所有政治人物心懷大志擔當國政的意義來說，其背後當然有「為了國家」的目的。而以此為前提，在那之外若有其他誘因，會想到什麼？

也許各位曾聽過以下這句話。

「猴子在樹上失足仍是猴子，政治人物在選舉失利則成為普通人。」

對政治人物而言，選舉乃命脈。例如，國會議員要贏

得國政選舉，必須獲得選區的票源；要獲得選區的票源，在處理國政時，必須為了當地選民而動。具體來說，就是支持對當地有利的議案，並反對不利的議案。換言之，國會議員在國會以投票行動反映當地選民意向，他們帶有這項強力誘因。

此處所稱的「當地選民意向」種類繁多，從投資的觀點而言，可以看做是對可能影響當地經濟的政策進行投票。具體來說，就是支持對當地產業和企業有利的法案，並反對不利的法案。在美國，議員超越政黨藩籬，為了當地選民而投票非屬罕見，因此這個傾向較為顯而易見。

▌政策如何影響市場

國家的政策對該政策對象的產業具有莫大影響。因此，政策內容和消息會形成該目標產業的企業股價，可以視為重大消息。然後，閱讀法案內容當然能了解這些重大消息，但各政治人物握有的獨家消息，也能透過其投票行動而露出蛛絲馬跡。

柯恩教授和麥羅伊教授注意到這些政治人物的「誘因」、「投票行動」、「重大消息」、「企業股價動向」這四個關鍵詞和解讀力的關係。

兩位教授提出的假說如下。

- 假設 A、B、C、D、E、F 議員審查了 X 法案。

- A、B、C 議員的選區互異，但選區經濟重心都是能源產業的企業。因此，A、B、C 議員很可能一律支持有利於能源產業的法案，並反對不利的法案。另一方面，針對汽車產業的相關法案，由於沒有特別的意見，不太可能有一致的投票行動。

- D、E、F 議員的選區互異，但選區經濟重心都是汽車產業的企業。因此，D、E、F 議員很可能一律支持有利於汽車產業的法案，並反對不利的法案。另一方面，針對能源產業的相關法案，由於沒有特別的意見，不太可能有一致的投票行動。

- 因此，若分析 A、B、C、D、E、F 議員對 X 法案的投票行動，即可看出該法案對能源產業有利、中立，還是不利。比方說，如果 A、B、C 議員一律反對 X 法案，而 D、E、F 議員的投票行動不一致，則可以說議決的 X 法案是不利於能源產業的法案。

- 由於議決的 X 法案的投票行動是公開消息，市場應會將該消息反映在能源產業的股價上。具體來說，由於該法案對產業不利，股價應隨著 X 法案通過而下跌。

為了驗證此假說，兩位教授分析了 1989 年至 2008 年美國國會通過的所有法案，以及國會議員的選區和投票行動，發現了耐人尋味的結果。若繼續套用上述例子，將得出以下結論。

- 市場並未於法案通過後立刻反映 X 法案對能源產業所帶來的負面（或正面）影響，而往往在經過一個月以上的時間才逐漸反映。此外，無法看見市場事先考慮法案通過而形成價格的徵兆。
- 因此，若於 X 法案議決後，放空（正面影響時為作多）能源產業的企業，則可獲得超額收益。
- 套入這個架構，在目標法案通過後，放空因該法案受到負面影響的企業，作多因該法案受到正面影響的企業，若實行此投資策略，超額收益的年增率竟高達 11%。

身為投資人，值得注意的是，即使在法案通過後深入調查再實行投資策略，而非通過前，仍可獲得超額收益。也就是說，在國會議員的誘因所帶來的重大消息公開至市場之後，也會經過一段時間才反映至股價。釐清誘因、掌控消息解讀方法，即得以同時發揮這兩項解讀力的根源，這個例子可謂優良範例。

5

「誰在」「如何」投資「哪類資金」？確實分散風險

　　到目前為止，不只介紹了投資「什麼標的」作為解讀力的根源，也聚焦於「誰在」「如何」投資的概念，介紹了哈佛商學院年輕明星教授們最新穎的相關研究。

　　接下來，我將聚焦於投資「哪類資金」作為解讀力的根源，同時介紹哈佛大學基金的解讀力根源。其有關「誰在」「如何」投資的概念也相當發人深省。

哈佛商學院最引以為傲的個案研究

　　哈佛並不單只進行投資研究。該校身為世界首屈一指的投資人，實際運用著學校的資金。哈佛大學基金身為世界首屈一指的投資人而聲名遠播，在此，我將介紹它的投資手法。

　　哈佛商學院的任何科目中，都有被稱為經典案例的個

案研究。在業務管理的課程中，有在美國風靡一世的鐵板燒店紅花鐵板燒（Benihana）個案研究；在領導能力的課程中，則是嬌生公司危機管理的個案研究，然後，說到投資課程的名作，一定會舉出哈佛大學基金的個案研究。

▍哈佛大學基金個案研究概要

　　哈佛商學院引以為傲的哈佛大學基金個案研究的概要如下。首先敘述個案研究的主要事實，然後深入探究哈佛大學基金投資手法的特徵。另外，個案研究的舞台為2010年（撰寫於2012年），若數據無註記便為當時的資料。

- 哈佛大學創設於1636年。基金的運用資產多為捐款。從剛創設起，基金就是支撐大學營運的重要資金來源。

- 2009年，基金總額拉抬至250億美元（註：2015年6月時為376億美元），在美國的大學中規模最大。基金所分配的資金則來到一年14億美元，占大學總體經費的38%。商學院、醫學院等各學院各自擁有持有比例，但由基金做整體運用。基金的收益將按照那些持有比例進行分配。

- 基金的目的，在於保持通膨後的實質價值。因此，

運用資金的期限當然沒有終點，基金將未來永續操作視為前提。過去數十年的分配率（＝大學營運的分配額／投資總額，相當於股利收益率）在3至6%間移動，平均為4.4%。由於持續的捐款，基金以年增率1.5%成長，另一方面，假設通膨率程度相同，基金要維持價值和分配率，收益必須為年增率5至6%左右。

- 基金的資產運用由哈佛管理公司（HMC）進行。HMC創設於1974年，擁有180名員工，其中40名為投資專家，執行長是珍‧曼迪羅（註：現為斯蒂芬‧布萊斯）。

- HMC的資金運用特徵為由自家公司經手投資運用。相對於多數大學基金委託外部的資產運用公司運用幾乎所有的資金，HMC由自家公司運用36%，委託外部公司運用64%（總計62間公司）。HMC雇用優秀人才，於公司內（專職）進行運用，因而節省成本。但是，1998年的外部委託僅26%（總計6間公司），外部委託的比例在近年來逐漸上升。關於比例上升的原因，一般認為是以專職形式運用的基金經理人另起爐灶，獨立經營之後也繼續運用基金的資金。HMC藉由繼續委託另起爐灶

的基金經理人，確保了有利的手續費體系。

● HMC 運用資產的結構特徵為股票和債券等傳統且
流動性高的資產分配相對較少，而非傳統且流動性
低的資產分配較多，此類資產稱為「另類資產」。
舉凡私募股權基金、原物料、避險基金、不動產、
基礎建設投資、森林等資產皆屬於另類投資。美國
的大學基金在 90 年代前期以前，投資類型為投資
傳統且流動性高的資產，主要標的是美國國內的上
市上櫃股票和美國國內的債券，但近幾年逐漸增加
另類資產的投資比例。

以上為哈佛大學基金的個案研究中所敘述的主要事
實。接下來，讓我們深入探究該基金的資金運用手法特
徵。

擁有投資業界聖杯的哈佛大學基金

不僅限於哈佛大學基金，大學基金最大的特徵可謂是
運用資金的性質。目前為止所介紹的受雇投資人都是運用
「他人的資金」。既然運用「他人的資金」，就必須配合

「他人」的狀況運用資金。此處所稱的他人，對投信的基金經理人來說為購買投信的客戶，在銀行為存款人，在保險公司則為保險契約簽訂者。即使是自行成立基金運用的避險基金的基金經理人，若籌措他人的資金，而非自己的資金，也可說是相同狀況。

無論投資人具備多少解讀力，當運用「他人的資金」時，就無法違抗「他人的意願」。縱使擁有解讀力，若由於他人的意願而無法按照自己的意思進行運用，常無法發揮解讀力。

在這一點上，以哈佛大學基金為代表的大學基金主要由校友等人的捐款所組成。典型的例子是，校友在職涯中擁有成功的事業，累積龐大財富後，將自身的部分資產捐贈給學校。在這一點上，哈佛大學基金接收並運用捐贈者這個「他人」的資金，這是事實，但基金永遠不需歸還該資金，這一點就不同了。沒有客戶或存款人會因為金融危機而前來要求拿回資金，就這層意義而言，財團也擁有同樣的資金性質。

當然，大學基金為了回應捐贈者的期待，會全力以赴於投資運用，這一點沒有不同，更必須為了資助大學營運而增加資金。但是，由於這是「不需要歸還的資金」，身為投資管理人，不需要「配合他人的意願來進行運用」。

可以長期不為所動，發揮解讀力。對投資人而言，這是最令人希冀的資金。因此，「不需要配合他人狀況的資金」就被稱為「投資業界的聖杯」。

一流投資人設法取得這投資業界的聖杯，因為他們切身體會到投資「哪類資金」對績效表現有莫大影響。金錢沒有顏色，這句話不適用於運用資金。對於投資「哪類資金」也需要解讀力。「無論投資環境多麼惡劣，也不會撤掉資金，而是仍信任自己並繼續託付資金」，一流投資人試圖確保的是這種類型的「提供資金者（sponsor）」。投資人擁有強力的提供資金者，即使在投資環境最惡劣的時候，提供資金者也會注入新的資金。投資人將以此購買非常便宜的資產，並發揮解讀力。

機構投資人運用他人的資金時，必須確保基金的流動性（變現能力），以應付因他人的意願而撤掉資金的情形。因此，投資不具流動性的資產將有所限制。反過來說，哈佛大學基金這種沒有限制的投資人，則能積極投資不具流動性的資產。流動性本身在市場就有其價值，因此投資人要確保流動性，就必須支付該價值。反之，有辦法投資不具流動性的資產，就不需支付這個價值，因此可將之加入原本的收益一同擷取。這個價值稱為「流動貼水」。

如個案研究所示，哈佛大學基金大部分的投資資產是

非傳統的「另類資產」，就是因為這個緣故。眾人皆知，私募股權基金、不動產、森林、基礎建設投資等另類資產的流動性比傳統的股票和債券低，因此才能夠擷取流動貼水的資產。這可謂是擁有投資業界聖杯者的特權。

慎選操盤人的解讀力

如同個案研究所提及，哈佛大學基金的另一個特徵是 HMC 自行（專職）經手投資運用。根據個案研究，相對於多數大學基金委託外部的資產運用公司運用幾乎所有的資金，HMC 由組織內的基金經理人運用 36% 的運用資產，並委託外部的資產運用公司運用 64%（總計 62 間公司）。

從大學基金的立場而言，即使負擔對利益相關者說明的責任，仍不想「靠他人」進行資產運用，而比較希望「自行處理」。但是，這在現實中是非常困難的問題。假設，就算大學基金只操作股票，要像大型資產運用公司般為了收集消息和執行交易而匯集專家，將花費龐大費用。投資業界深受企業競爭策略的「規模經濟」影響，因此，資產運用規模愈大，就愈能從資源中負擔投資專家的固定人事

費用和投資運用的相關系統成本，這也攸關競爭優勢。小規模的大學基金要花費成本，自行匯集這些資源，並進行投資運用，這在現實上並不可行。因此，委託並只支付手續費給外部的投資公司，在成本效益比來說也可謂合理。

▍全美資產盈餘最高的基金

另一方面，以全美最大運用資產盈餘為傲的哈佛大學基金，即使組成了自行投資運用的團隊，說不定也常從規模方面去配合成本效益比。實際上，如同個案研究所示，哈佛大學基金在 1998 年的委外比例為 26%（總計六間公司），因此可謂實踐了成本效益比。哈佛大學基金的基金經理人這一職位，在業界中也具有相當的分量，或許因此容易招募到優秀人才。但即便如此，在撰寫個案研究時，委外比例已達 64%。即使是哈佛大學基金，也未選擇自行運用所有資產。

委外比例高，表示篩選委外對象的能力大幅影響大學基金的績效表現。換言之，必須具備察覺委外對象解讀力的解讀力。

然而，完全未自行運用資產的大學基金中，有些基金本來就沒有投資專家。為了這種大學基金，在美國存在一群專業顧問，他們向大學基金、年金、財團等單位的負責

人介紹「推薦的基金」，或提供調查報告。換言之，不僅將個別投資的解讀力外包，也將察覺委外對象的解讀力委外出去。

在這一點上，哈佛大學基金雖然自行運用資產，但也活用委外對象。這種「混合型」的運用手法具有多項優點。

首先，每天周旋於市場的 HMC 的基金經理人也進行篩選委外對象的工作。許多職業棒球選手的球探是前職業棒球選手，而現任的職業棒球選手也能成為球探。當然，正如同名選手未必能成為名球探，我們無法斷言，擁有個別投資的解讀力就因此也擁有篩選委外對象的解讀力，不過大概也只有擁有解讀力的同道中人能互相認可對方。

HMC 的基金經理人和許多委外對象擁有相同的投資哲學。這是因為，HMC 的許多委外對象原先是 HMC 的基金經理人。HMC 的委外比例和委外公司數量大幅增加，原因之一是難以自行統整準備的另類資產的比例增加；而另一個原因則是，原本在 HMC 以專職形式運用資產的許多基金經理人另起爐灶，收到來自 HMC 委託的資金。

HMC 會支援基金經理人另起爐灶，他們原本以專職的形式在運用資產上奉獻心力，且擁有解讀力。這對委託者 HMC 和被委託者的獨立基金經理人雙方而言是雙贏的

關係，也成為 HMC 篩選委外對象的解讀力根源。讓基金經理人在自家公司運用資產，確認其擁有解讀力後助其獨立，再以委外的方式繼續享有他的解讀力，這種委外形式可謂投資業界中的分暖簾，相當合情合理。

對 HMC 來說，主要擁有下述優點。

1. 使用解讀力

藉由將資金委託給獨立後的基金經理人作為創業基金，可以繼續使用該基金經理人的解讀力。

2. 節省委外成本

身為最初的創業基金提供者，可向基金經理人要求關於應支付的委外費用和成功報酬的折扣，確保有利的手續費體系。

3. 有助於徵才

雇用優秀的專職基金經理人時，也能告訴他們可以有獨立創業這條職涯選項。這樣的職場是擁有解讀力的年輕投資人所希冀的環境。

另一方面，對欲獨立的專職基金經理人來說，則有以下優點。

4. 擷取創辦人的利潤

獨立之後，能以創辦人的身分直接擷取自身解讀力所帶來的獲利。

5. 優質的資金性質

由於能接受 HMC 所委託的資金這項投資業界的聖杯，更容易發揮解讀力。

6. 擁有相同投資哲學的委託者

由於委託者為擁有相同投資哲學的 HMC，不會花費時間進行額外說明或協調。

7. 基金募資（籌措資金）時的可信度

向 HMC 以外的他人募資時，可宣稱「我是新興基金經理人，委託資金的對象包括哈佛大學基金。眾所皆知，其擁有篩選委外對象之解讀力。」使用哈佛大學基金賦予的可信度，有利於順利籌措資金。

▌混和策略的奇效

能建立這樣雙贏的關係，也可以說是因為 HMC 活用了混合型運用模式的緣故。

HMC 的這種混合型運用模式還有一個很大的優點，就是專職投資管理人可以從委外對象那裡得到消息和投資點子，並將之應用於自己的投資。例如，以專職的形式投資股票的基金經理人，可以採納同樣投資股票、身為委外對象的避險基金的投資點子，然後自己也進行投資。此外，就算不直接採納投資點子，也能向委外對象收集股市觀點或消息等資訊，並將之應用於自己的投資。

　　先前我已介紹解讀力和社交網絡的關聯，對基金經理人而言，和擁有此解讀力的其他投資人同屬一個社交網絡也能成為自身解讀力的根源（說不定深入探究這一點當作此領域的研究主題也會很有趣）。

　　但是，雖說專職投資管理人採納來自委外對象的消息，但這原本並不是件容易之事。比方說，因為對委外對象而言，投資點子也是做生意的工具，並非可以透露給任何人的事物。此外，對大型投資公司來說，委託者為數眾多，在現實上無法對所有的委託者花費相同時間。也就是說，關於方才提到的優點，除非專職投資管理人對委外對象而言是特別的客戶，否則無法成立。在這一點上，由於哈佛大學基金是世界首屈一指的投資人，對委外對象而言一定是重要的客戶，當然會慎重以對。

　　不僅如此，先前還提到，HMC 的風格特徵是支援專

職投資管理人另起爐灶，增加委外對象。對獨立後的基金經理人而言，HMC 是最初的客戶，也是出身地。不難想像其在資訊流通上會對 HMC 的專職投資管理人比對其他委託者更加禮遇。此外，專職投資管理人也是具備解讀力的專家，對委外對象而言，針對投資點子交換意見也能影響自身基金的績效表現，儼然可謂雙贏關係。

總結以上，哈佛大學基金適當活用專職投資管理人和委外對象兩者，藉由採取這樣的混合型策略，締造了獨領風騷的績效表現。不僅在投資「哪類資金」（＝投資業界的聖杯）這一點，在「誰在」「如何」投資這個面向上，哈佛大學基金也藉由活用混合型策略發揮解讀力。

不可忽視相關性

剛才提到哈佛大學基金大多投資另類資產。之所以投資比例高，是因為投資另類資產可以享有流動貼水。這儼然就是擁有投資業界聖杯的哈佛大學基金的特權。

但是，針對「為什麼大多投資另類資產」的這個問題，還有另外一個答案，關鍵詞為「相關」。

投資組合管理中，設法適度分散風險相當重要。「不

要將雞蛋放在同一個籃子裡」這句流傳已久的投資格言，確實就是在講述分散風險的道理。金融領域裡，一般常說「分散投資對象，可降低投資組合整體風險，因此能提升投資組合相對於風險的收益」。換言之，假設一個籃子掉了，手上的雞蛋也不會全部破掉，為了這個目的，要先將雞蛋分散放入多個籃子中。

將這個道理套用至投資，就算市場環境惡劣，也不是所有投資對象的價值都會下降，有價值降低者，也有價值上升者，更有本來就不受影響的資產，要先對各種不同的資產進行投資。

因此，關鍵字「相關」登場。所謂相關，表示兩個數值針對一個事件的反應方式。雖然是稍微技術性的內容，舉例來說，日本企業中有相同產業的 A 和 B 兩間公司。由於 A 和 B 是日本企業，股價會受日本整體股票市場的影響，而由於同屬相同產業，A 上漲時 B 也會上漲，B 下跌時 A 也會下跌。若為這種情形，我們說 A 和 B 的股價「相關性強」。反之，當 A 的股價上漲時，B 的股價下跌，這種相反動向的關係稱為「負相關」。然後，若 A 和 B 的股價動向完全看不出關聯性，則稱為「零相關」。

相關程度以數值表示。若 A 和 B 的動向完全相同，相關係數為 1（完全正相關的關係）；若 A 和 B 的動向完

全相反，相關係數為－1（完全負相關的關係）；若為零相關，相關係數為0（完全無相關的關係）。兩者關係的相關係數剛好是1、－1、0的情形極為稀少，大多位於－1至1之間。在此，相關係數越接近1，我們會說其相關性越「強」（以強弱表示相關程度）。

分散投資，卻沒有分散風險

接下來，如果各位讀者是投資人，投資組合中納入多種股票，會希望下一項要投資的資產具有什麼樣的特徵呢？當然會想選相對於風險時的收益較高的標的，但假設兩項資產（A、B資產）可望帶來同樣的風險和收益時，接著要以什麼為基準？

在此就要考慮相關性。例如，若相較於B資產，A資產和既有的投資組合相關性強時，該選哪一個呢？當投資組合下跌，A資產同樣會下跌。與其選相關性強的A資產，不如選相關性較弱的B資產，即下跌幅度較小。如此以投資組合來看，可謂樂見其成。

包含哈佛大學基金在內的許多大學基金和財團的投資組合中，對美國股票的暴險占了一大半。所以，當美國市場的平均股價下跌，投資組合的價值也會下跌。因此，美國的投資人會尋找和股票市場相關性弱的投資對象。這是

因為，如果組合加入相關性弱的資產，當股票市場往下走時，能緩和對投資組合的影響。

和股票市場相關性弱的代表資產可以舉政府公債作為例子。當預期的經濟成長率和通膨率愈高時，政府公債的利率愈高。也就是股價帶有上升趨勢時，政府公債的利率也會呈上升趨勢。反之，當預期的經濟成長率和通膨率愈低時，政府公債的利率愈低。這是中央銀行為了活絡經濟而降低政策利率的緣故。確實就是全世界的中央銀行在 2008 年金融危機時採取的貨幣政策。換言之，政府公債的「利率」和股價相關性強。但是，當政府公債的「利率」上升（下降）時，政府公債的價格會下降（上升），因此政府公債的「價格」和股價相關性反而弱，有時還會呈現負相關，例如，當持有支付利率為 2% 的政府公債，若政府公債的利率上升至 3%，現在所持有的 2% 利率的政府公債價值會下降，因此利率愈高，政府公債的價格愈低。

不過，正如同美國政府公債的利率被稱為「無風險利率」，投資美國政府公債相當安全，相對來說，可期待的收益也較低。要將它加入投資組合中，雖然滿足相關性弱的判斷標準，但可期待的收益低是一大扣分。對投資人來說，滿足這兩個標準的投資對象是首選，但這種投資對象極其少見。

因此，另類資產在此登場。一般認為，另類資產可期待的收益高，而且和股票市場的相關性弱。但是，在2008年的金融危機時，投資另類資產中的私募股權基金等標的就背負了龐大損失，「是不是其實相關性很強」這樣的檢討聲浪也隨之而現。因此，我們可以說投資業界正尋求「真正相關性弱」的投資對象。

▎為什麼要投資森林？

在這一點上，有一項資產是哈佛大學基金所關注的投資對象，也出現在個案研究中，就是投資森林。投資森林非常簡單，賣掉投資的森林木材，再於該地植林，等待林木生長，再賣掉，重複這樣的循環，就會得到投資收益。由於投資森林的收益，會在一定程度上受到全球木材供需影響，也許並非和股票市場完全無相關，但檢驗過往數據資料，已顯示它和股票市場的相關性弱。

這是因為投資兩者的收益來源（風險溢價）截然不同的緣故。森林中存在投資股票所沒有的固定風險，這種風險像是自然災害或森林大火造成的森林毀損。正因為有這種固定風險，我們可以說森林和股票相關性弱。因為發生自然災害或森林大火，和股票市場的漲跌沒有關聯。對於這個風險，投資森林的投資人當然會要求相應的風險溢

價。這有別於先前介紹的另類投資的收益來源——流動貼水，是針對投資森林時的固定風險的獨立報酬。因此，森林的收益來源是以下兩者的總和：起因自缺乏投資流動性的流動貼水、自然災害等投資森林所固有的風險溢價。換言之，投資森林是和股票市場相關性弱，且收益較高的珍貴投資對象。

▍善用解讀力，細分相關性

　　總結以上，對哈佛大學基金等機構投資人而言，和股票市場相關性弱且收益較高的資產，可謂令人希冀的投資對象。因此，市場對於具備這些相關投資解讀力的投資人，擁有很大的需求。投資業界中，圍繞於投資股票的解讀力競爭激烈，但關於投資森林的解讀力則稱得上是一種利基。再者，市場對這種利基解讀力擁有很大的需求，因此，具備這種解讀力的投資人沒有不運用它的道理。

　　在哈佛商學院的經營策略課程中，也會學習企業的「差異化」以及「尋找自家公司的利基」的重要性。職涯理論也經常講述這些重點，年輕投資人在建立未來自身的差異化時，磨練競爭激烈的領域（例如股票投資）中的解讀力也很好，但尋找專屬自己的利基（例如森林投資）也可謂是有效的策略。尋找利基時，基於投資業界中需求高

的「和股票市場相關性弱且收益較高」的基準來抉擇可說是聰明之道。

此外，職涯理論中常說，職涯由連續的偶然力（serendipity）所形成。或許年輕投資人尋找自身利基的過程亦如是。柯恩教授和麥羅伊教授在課程中介紹了Nephila 這間投資公司的個案研究。這間公司專門投資有關自然災害風險的金融商品。提到自然災害風險，就會想到處理颱風等風險的保險公司。但是，保險公司是在自家公司投資股票等金融商品，無論如何，投資保險公司都和股票市場相關性強。在這一點上，由於 Nephila 所投資的金融商品只限定於自然災害的發生風險，因此這個投資對象和股票市場的相關性弱或無相關。

如同森林投資，市場對於投資和股票市場相關性弱的資產等級，有很大需求，具備 Nephila 般的利基解讀力的投資人可謂邀約不斷。在課堂上，Nephila 的經營團隊來到現場成為座上賓，他們如此言道，「初入職場時，雖然已專心培養了察覺自然災害風險的眼光，但沒想到全世界的投資人如此希求此能力，從未想像能走到成立基金經營自己的公司這一步」。

如同 Nephila 的經營團隊般，曾經以為自身的專業和投資毫無關係，但說不定這項專業某天會被認定為投資的

解讀力。這種時候的關鍵就在於「相關」。各位讀者的領域中，是否存在和股票市場相關性弱或無相關的風險呢？說不定那某天會成為金融商品被交易，而各位的專業則成為解讀力進而邀約滿滿。

實踐致勝投資策略

哈佛商學院的投資操作策略

1 基礎投資架構

本書到目前為止介紹了以一流投資人培訓中心馳名的哈佛商學院所傳授的各種投資技術。

那麼，接下來則稍微轉換焦點，為了讓各位將哈佛商學院所傳授的投資技術概念應用於每天的投資行動中，我將介紹它的實踐方法。

不過，我想先傳達一件事情作為免責聲明，那就是哈佛商學院並非傳授詳細實踐方法的場所。舉例來說，在哈佛商學院的課程中，雖然會透過個案研究教導經營或投資判斷時要運用的架構和新知，卻不會詳細教學生該如何實踐，那始終都交由當事人負責。也就是說，即使在經營策略領域中學了麥可・波特的五力分析架構，哈佛商學院並不會傳授「套用這個理論，現在○×產業前景優良，在這個產業創業會很好」這樣的內容，因為無論是經營判斷還是投資判斷都沒有標準答案。

所以，在此我以投資人的觀點，將哈佛商學院所傳授的投資技術套入至實踐方法。在這個過程中，也會介紹一流投資人實際的投資狀況。

本章首先以「基礎投資架構」介紹大略的實踐方法，接著區分將資產託付他人保管和自行運用的情況，說明各自的實踐方法。最後在「進階篇」中，我將介紹投資見習生們立志成為專家，而互相競爭的投資點子格鬥術──「推薦選股」。

打造自己的聖杯

本書已說明，哈佛商學院所傳授的解讀力根源不只有投資「什麼標的」，也包含「誰在」「如何」投資「哪類資金」的概念。這意思代表，「誰在」「如何」投資「哪類資金」的概念中，全世界屈指可數的避險基金、哈佛大學基金以及個別投資人擁有重要的共同點。

關於投資「哪類資金」這一點，如前所述，哈佛大學基金擁有「不需要歸還的資金」這項投資業界的聖杯。而全世界屈指可數的避險基金「不論好壞」，資金都不會被撤出，由於找到了和自身的投資哲學有共鳴，且財力豐厚的資金提供者，避險基金也接受到資金性質近似於投資業界聖杯的資產。個別投資人亦同，因為個別投資人如果運用自己多餘的資金，代表其投資的是「不需要歸還的資

金」，可謂同樣擁有投資業界的聖杯。

此處重點在於個別投資人的「多餘資金」，這是「好幾年（好幾十年）不變現也不會困擾的資金」。假設個別投資人勉強將部分生活費轉做投資，但若下個月的生活費不夠用，就變得必須將上個月投資的錢到市場變現。如此一來，投資的錢實質上成為「不得不歸還的資金」，於是失去投資業界聖杯的優勢。

接著是關於「誰在」投資的重點，由於個別投資人運用自己的資金，並沒有受雇投資人那種結構上的限制。既不需要為了躲避職位風險而成為非經濟賣方，反而還能站在非經濟賣方的對立面，獲取龐大收益。他可以基於經濟理性，自由發揮解讀力。

總結以上，關於「誰在」投資「哪類資金」這個投資大重點，我們可以說，個別投資人和全世界屈指可數的避險基金、哈佛大學基金擁有同樣的優勢。

留心財務槓桿

不過，難得擁有「運用多餘資金」的投資業界聖杯，也有個別投資人棄之而去，那就是操作財務槓桿的個別投

資人。

　　所謂操作財務槓桿，一言以蔽之，就是借錢來投資。比方說，假設個別投資人持有 100 萬元的多餘資金。將此 100 萬元當作原資，再借 100 萬元，共投資 200 萬元，這稱為「操作財務槓桿來投資」。在上述情形中，投資額為 2 倍，因此也稱作「操作 2 倍的財務槓桿」。投資 2 倍可讓投資收益也成為 2 倍，但當然也有虧損 2 倍的作用，例如以下情境。

- 不操作財務槓桿，投資對象下跌 50% 時
  100 萬元的投資滑落至 50 萬元。
- 操作 2 倍的財務槓桿，投資對象下跌 50% 時
  200 萬元的投資滑落至 100 萬元。因為有 100 萬元的借款，歸還100 萬元之後，自己殘存的資金為零。

　　此外，200 萬元中，借來的 100 萬元始終是「不得不歸還的資金」。因此，當該投資評價上虧損（帳面虧損）膨脹時，債權人可以不經同意，強制將投資變現，收回借款。這是因為，身為債權人，有必要保護自己，讓自己借出的資金完全歸還。個別投資人操作財務槓桿來投資的代表手法為，透過證券公司進行的信用交易和保證金交易。身為債權人的證券公司強制將個別投資人的投資變現，這

稱為「強制停損」。對個別投資人而言，人人都知道強制停損是最壞的結果，例如以下情境。

- **不操作財務槓桿，投資對象下跌 50% 時**

  雖然 100 萬元的投資價格滑落至 50 萬元，但繼續持有，可以等待價格反彈，或是上揚至 100 萬元以上。

- **操作 2 倍的財務槓桿，投資對象下跌 50% 時**

  200 萬元的投資價格滑落至 100 萬元。債權人為了收回自己的資金，在市場賣掉變為 100 萬元的投資，變現之後收回。個別投資人殘存的資金為零。

並非只有個別投資人使用財務槓桿。因操作的基金而定，受雇投資人也會適當使用財務槓桿。另外，避險基金將之當作投資策略的一環應用，試圖提高收益。一流投資人中，也有人擅長使用財務槓桿。收益和風險均倍增的財務槓桿儼然是兩面刃，可謂成敗操之於使用者。

在此，我並不打算否定財務槓桿。也有一流投資人適當而穩健的使用財務槓桿，製造亮眼的獲利結果。不過，如果個別投資人好不容易擁有「投資業界的聖杯」，將它用在財務槓桿上，其效果等同於將它變成「普通的杯子」，那說不定會很可惜。

向哈佛大學基金學習混合型投資策略

先前曾提及，個別投資人除了投資「哪類資金」的資金性質外，關於「誰在」投資這點上也占優勢。因為他們不像受雇投資人般受到結構上的限制拘束，可以有彈性的追求經濟理性。

但是，大部分的個別投資人都是兼職投資人。既無法像專業投資人般將一天的時間全花在投資上，也缺少他們那種資源。舉例來說，第三章介紹避險基金在判斷要投資「什麼標的」時，會使用「投資業界的間諜」當作消息解讀方法，個別投資人就難以採納這項手法。因此，從時間和資源的觀點來看，會有「投資還是交給專家比較好」的論調出現也許是理所當然。

不過，個別投資人藉由購買投信等管道接觸的專業投資人，基本上都是受雇投資人。受雇投資人也有到目前為止介紹的結構上的限制和誘因的問題。而且，即使將自己的資金託付給受雇投資人，也必須擁有解讀力來察覺他們的解讀力。

在此推薦哈佛大學基金所運用的「混合型投資」。這手法也就是直接自行運用部分資產，亦委託其他投資人運用資產。對個別投資人而言，藉由直接自行運用，不僅更

能追蹤市場動向，也能提升察覺受雇投資人的解讀力。此外，同時委託受雇投資人運用資產，可以得到其他投資人的觀點和投資操作消息，還可活用於自己的投資運用。

另一方面，不像哈佛大學基金的投資專家，個別投資人並非全職投資人，因此即使直接獨自投資，在現實上也無法管理這麼多投資對象。雖說如此，就算只有一兩間公司的股票，光是自己下定決心選擇投資對象、進行操作，就會逐漸不同。無論個別投資人還是專業投資人，不將投資判斷外包，而是自行判斷、進行操作並管理，會得到很多新知。這不僅限於投資，商業領域亦然。將經營判斷外包，跟自行判斷、進行操作並管理相比，在學習程度上截然不同。而且，關於該判斷的追蹤做法也會不太相同。購買投信、將自身資金託付給受雇投資人，和自己進行投資判斷的個股，對於追蹤的認真程度會有所不同。

▌識別能力者的三個提問

和商業領域的判斷相同，一開始也許不會進行得很順利。但即使如此，只要將這個經驗應用於下次就好。個別投資人既沒有受雇投資人般的職位風險，只要不操作財務槓桿，也無須擔心被他人強制結束投資。此外，若為混合型投資，因為自己僅直接投資少部分資產，就算自己投資

的部分不順利，也許託付給他人的部分進行得很順利，這層意義也可謂是分散風險。

再者，若徹底追蹤一支個股，也有助於察覺出受雇投資人的解讀力。比方說，假設正打算購買投信時，有機會和證券公司等單位的業務負責人說話（其實最好是有機會和基金經理人——即受雇投資人本人——說話，但可惜個別投資人罕有這種機會）。此時，何不針對自己正投資而瞭若指掌的個股，試問以下問題？

- 打算購買的投信是否將這支個股加入投資組合？
- 如果加入這支個股，預測其走勢為何？
- 如果沒有加入這支個股，原因為何？

光聆聽這些問題的回答內容，就可以稍微窺見操作該投信的基金經理人的能力。就算最後沒有直接投資，但透過這樣的動作，你對一位基金經理人的了解也會大幅提升。

總結以上，因採用混合型投資，各位在管理自己的資產時，直接自行運用的部分和託付他人運用的部分會互相產生加乘效果，以結果而論，可以提升整體績效表現。

2 將資產託付他人保管——檢核基金管理能力的技術

　　混合型投資中，除了直接自行運用，也要將資產託付給他人。若為個別投資人，這主要代表購買投信的意思。當然不是任誰都可以成為託付對象。託付資產給他人時，必須要察覺對方的解讀力。

　　另一方面，個別投資人不是哈佛大學基金這種大客戶，也無法自由接觸委託的基金經理人，因此，要培養「察覺解讀力的解讀力」，可謂一項困難的挑戰。投資業界中，還存在以「察覺基金經理人解讀力」維生的專業人士（在投資業界中稱為「組合型基金」等），因此可見這其實是多麼深奧的領域，他們在察覺解讀力時所運用的架構，基本上類似於本書所介紹的解讀力的基本原理，也是哈佛商學院出身的一流投資人做決策判斷的核心原則。

　　你也可以當作是為了實踐本書目前所介紹的哈佛商學院架構，下一次各位要將資產託付出去時，請務必找機會和證券公司或銀行的業務負責人（或直接和基金經理人）交談，詢問以下問題。

針對基金經理人過去的實際表現

▌是否正創造附加價值？

投資運用收益表現（扣除手續費前）：希望是可長期觀測的績效，而且也包含金融危機等市場環境惡劣時的績效。

和指標相比的表現：若為日本股票的基金，就會以日經平均指數為指標，要求該基金超越日經平均指數。若無法締造超越指標的績效，就等同於未產生身為基金經理人的附加價值，因此稱不上具備解讀力。若未產生附加價值，不如投資日經平均指數的 ETF 還比較適合，它會照指標投資，且手續費便宜。

針對手續費

▌投資人支付的手續費總計為多少？

就算基金經理人締造出高於指標的績效，產生附加價值，如果創造出的附加價值全被基金經理人擷取光，對投資人而言反而不適合。因此投資人在託付資產時，有必要事先掌握手續費總額。手續費包含申購手續費等各式各樣

的名目，因此，不妨詢問下述簡單問題：「若我託付 100 給你，你進行投資運用後，扣除手續費前的收益為 10，則扣除所有手續費後，我身為投資人可以收到多少？」在投資業界，扣除手續費前的收益稱為總收益，扣除手續費後的收益則稱為淨收益，若淨收益未高於指標，則基金經理人所創造的附加價值已全被基金經理人（或資產運用公司）擷取光，因此反而不適合投資人。

針對解讀力

▎今後也可望創造附加價值嗎？

　　金融商品的公開說明書中一定寫有這段話：「過去的績效表現不保證未來的績效表現。」就算過去的投資都很順利，也沒有任何證據可證明未來也會很順利。無論是商業領域還是投資領域，在這點上都相同。即使託付資產的候選對象至今的淨收益都超越指標，因而提供投資人附加價值，這也不表示今後會持續下去。尤其針對僅有短期實際表現的基金經理人，若觀測其長期的績效表現，或許回歸均值後會來到和指標差不多的水準。因此，身為投資人，事先察覺託付對象的「解讀力」可謂相當重要。當

然，就算事先察覺託付對象的解讀力，也「不保證未來的
績效表現」，不過，可事先確認解讀力的基金經理人，和
無法事先確認的基金經理人相比，託付給前者較能令人放
心。

　　第三章已介紹了哈佛商學院所傳授的解讀力，確認那
幾點應可成為有效方法。例如，探索基金是否符合以下任
一點。

① 關於投資「什麼標的」的優勢
消息依取得方法形成差距
- 在當地尋找投資對象、專門投資在消息上具有優勢
  的地區的投資對象等等。
- 擁有並運用對投資有效的社交網絡。

消息依解讀方法形成差距
- 消息解讀方法上具有優勢（活用業界的間諜等
  等）。

② 關於「如何」投資的優勢
理解人類的認知偏誤，並活用於投資
- 理解自己身為投資人的認知偏誤，施以獨特的對
  策。

- 活用過往金融危機等經驗，締造實際表現。
- 擅長尋找、瞄準一物二價的投資機會，締造實際表現。

③ 關於「誰在」投資的優勢
理解市場玩家的誘因，並活用於投資

- 認識受雇投資人的誘因和極限，加以考量後建構投資策略（若託付對象為受雇投資人）。
- 擅長尋找、瞄準非經濟賣方，締造實際表現。
- 擅長採取激進策略，並尋找、瞄準投資對象的併購者，締造實際表現。
- 理解企業的誘因，迴避代理成本高的高價投資。

④ 關於投資「哪類資金」的優勢
擁有「投資業界的聖杯」，或擁有相近的資金性質。

假設，以上述問題尋覓的過程中，① 總收益超越指標、② 淨收益也留給投資人附加價值、③ 可鎖定明確的解讀力根源，若尋覓到具備這三項必要條件的基金經理人，可以說是相當幸運，因為要能找到具備這三項必要條件的基金經理人就是相當困難的事情了。

如前所述，總收益超越指標又能產生附加價值的投資人本來就很少。再者，就算遇見產生附加價值的投資人，若該附加價值被投資人以高額手續費幾乎擷取光，則等於未留給託付者附加價值。此外，就算通過這兩項條件，若未察覺出該投資人明確的解讀力根源，則無法期待其將來會有相同的績效表現。

因此，若先了解哈佛商學院所傳授的解讀力相關架構，可謂具有身為投資人的價值。

3 自行操作

　　在各位運用資產的計畫中，採納哈佛大學基金的投資手法——混合型投資，除了方才介紹的「將資產託付他人」，還要實踐「直接自行運用」。

　　在此，我也將套用第三章所介紹的哈佛商學院所傳授之解讀力根源，以此形式介紹實踐方法。

活用地利之便和社交網絡

▌活用地利之便和個人興趣

　　如同前述，具備解讀力的投資人著眼於「在地」的投資對象。因為他們活用地利之便即早取得消息，並活用在地的社交網絡，可藉由消息取得方法形成差距。

　　若將此概念套用於「自行操作」，就會是在選擇投資對象時，先從在地企業開始探索。若知名大企業的總公司等據點位於附近，那就是套用此架構的機會。也許活用在地的社交網絡，透過消息取得方法可和其他投資人之間形

成差距。

當地沒有知名大企業也無妨，說不定這反而能加分，「小型股比大型股」更能形成傳承自傳統的解讀力。換言之，若有機會投資在地小型股，則可能成為其他投資人所沒有的優勢。

舉例來說，我們心目中的超級投資巨星巴菲特偏好投資奧馬哈在地的家具和珠寶公司，這是廣為人知的事情。在「投資人的祭典」——波克夏公司的股東大會後，還可以看見巴菲特站在珠寶公司的門市內販售結婚戒指的身影。巴菲特成為超級巨星之路，可以說是起始於投資這類在地企業。巴菲特尋覓到的這種投資機會或許很少出現，但不妨先從有地緣關係的大企業開始探索吧。

此外，若從「資訊不對稱」和「社交網絡」的觀點來看，也有活用利基興趣的方法。比方說，假設你擁有相當獨特的利基興趣，身懷他人無法匹敵的資訊量，那麼這已經可以稱為「專業」，還創造出「資訊不對稱」。然後，若擁有懷抱相同興趣的夥伴，就可稱為壯觀的「社交網絡」。若存在和該興趣相關聯的商品或企業，也許最熟知該公司的人就是你，而非報導該公司的證券分析師，沒有道理不運用這種優勢。利基興趣也能活用於投資，簡直就是一箭雙雕的手法，不妨嘗試看看。

▋擴展社交網絡

以消息取得方法形成差距時，除了活用地利之便，不妨也活用各位廣大的社交網絡。例如，套用麥羅伊教授和柯恩教授所解開的「學歷形成之社交網絡」和解讀力的研究。

假設以前的同學任職於你打算投資的企業，偶爾互相談論工作上的事也可當作參考。雖說當然必須注意避免成為內線消息，不過來自員工的第一手消息，是避險基金管理者即使花大把鈔票，也想從顧問那裡獲得的珍貴消息。而如同 BIA 的個案研究所示，說不定一些不經意的話語和動作暗藏線索。如果你是學生，在還是學生的時候盡量廣交朋友，擴展社交網絡，也許之後會成為解讀力的養分。這當然不僅限於投資，或許是可適用於所有商業領域的成功方法。

和明星投資人一起投資

關於「依消息解讀方法形成差距」的概念，舉例來說，有研究認為解讀機會型內線人士的交易資訊將成為解讀力根源。內線人士的交易資訊都是公開資訊。所有投資

人如何解讀可平等取得的龐大公開資訊呢？具備解讀力的投資人在這類公開資訊的解讀方法上占盡優勢，得以締造績效表現。

這種解讀力根源起源於消息解讀方法。在直接進行投資運用時，套用第三章所介紹的架構，例如追蹤機會型內線人士的交易資訊，這當然也是有效的方法，不過，我想在此介紹一個很有趣的公開資訊。

每季一次，在季末四十五天後，將迎接美國投資業界眾所矚目的日子，那就是申報 13F 的最後一天。所謂 13F，指的是當機構投資人運用 1 億美元以上的應申報資產時，有義務對運用的內容進行申報。應申報資產主要是美國國內的上市上櫃股票，以及和股票相關的期權交易中的作多操作。因此，放空操作、債券和美國以外的操作等投資並非申報對象。這份申報內容將隨即成為公開資訊，因此任誰都可以確認其內容。一流投資人的投資組合中，投資美國股票的部分也能一覽無遺。換言之，若想模仿具備解讀力之投資人的投資組合，四十五天之後可以進行，因為可以和一流投資人一起投資同樣的股票。大型金融媒體也會追蹤一流投資人的投資組合動向，因此在網路上搜尋就能查到，也有免費的彙整網站（像是「Insider Monkey」等網站）。

在哈佛商學院，有各式各樣的投資人前來演講，某位投資人演講時，舉出了該年每季一次的 13F 申報截止日，他說：「今年認真工作的日子只有四天。」雖然當然是半開玩笑，不過 13F 就是如此受人矚目。但是，在應用時必須注意以下幾點。

● 投資組合的資訊會慢四十五天

舉例來說，若為反覆進行短期買賣的量化投資人，慢了四十五天的投資組合資訊幾乎沒有意義。另一方面，若為重視基本面而採取中長期持股作風的投資人，四十五天後也很有可能仍持有同一支個股，因此是有利資訊。尤其在投資人的投資組合中，操作比例最高的個股值得注意。此外，當 13F 的資訊公開，市場得知一流投資人到上一季末為止採取新的高比例投資，則該個股股價常會上揚。如此一來，可能會沖淡原本便宜的感覺，但反過來說，若從一流投資人決定投資的上一季開始，該個股的股價正往下走，則可謂一大機會。因為這個機會能以低於一流投資人所判斷的價格來進行投資。若有該個股的相關負面新聞則須留意，但若是受市場牽引而下跌，則和一流投資人決定投資時的投資路線沒有不同。若投資路線沒有不同，一流投資人也很可能繼續持有該個股，則可視為「和一流投資

人一起投資」的機會。

● 僅作多股票的操作資訊

在 13F 揭示操作資訊的義務主要僅規範美國國內的股票相關投資。因此不會揭示債券等其他金融商品的操作資訊。此外，僅揭示作多操作，所以不會揭示股票投資中的放空操作。因此，假設一流投資人採取組合作多和放空的投資策略，由於外界僅能看見作多的部分，光看 13F 的資料可能會錯誤解讀一流投資人採行的投資策略，其背後的真正意圖，而產生風險。

應用 13F 的資料時，雖然必須注意上述要點，但 13F 絕對是消息寶庫。以下作為參考，列舉部分一流投資人和他們截止於 2016 年 3 月 31 日所公開的投資對象中前五大個股的列表。為了讓各位容易在彙整網站等處搜尋這些一流投資人，以下用英語列舉（無一定順序；操作資訊來自彭博社）。

巴菲特 Warren Buffett（波克夏公司／Berkshire Hathaway）

超級巨星投資人，眾人皆知，不需贅述。

個股投資排行列表（括號內為應申報資產中所占的比

例）

   1）Kraft Heinz Company（20%）

   2）Wells Fargo（18%）

   3）Coca-Cola（14%）

   4）IBM（10%）

   5）American Express（7%）

喬治・索羅斯 George Soros（索羅斯基金／Soros Fund）

傳說級投資人，擅長宏觀策略。在英鎊危機時大規模放空英鎊，在歷史上留下「破壞英國中央銀行的投資人」名號。哈佛商學院當然也傳授有關此操盤的個案研究，身為總體經濟課程中的知名個案研究，對學生來說並不陌生。

個股投資排行列表

   1）Barrick Gold（8%）

   2）Adecoagro（5%）

   3）Zoetis（3%）

   4）Polycom（3%）

   5）eBay（3%）

卡爾‧伊坎 Carl Icahn（伊坎企業／Icahn Associates）

傳說級投資人，擅長激進策略。可謂現今和高登‧蓋克最相近的投資人。由於頻繁曝光於金融媒體，發表自己的論述，在個別投資人之間也相當有名。

個股投資排行列表

1）Icahn Enterprises（35%）

2）AIG（11%）

3）CVR Energy（9%）

4）PayPal（7%）

5）Federal-Mogul（6%）

瑞‧達利歐 Ray Dalio（橋水基金／Bridgewater Associates）

畢業於哈佛商學院的傳說級投資人，經營全世界最大的避險基金，也經常在哈佛商學院演講。不過，他的投資策略細節罩著一層神祕面紗，充滿了謎團。因投資中採納冥想方法而聞名，其所經營的避險基金本身也具有獨特的文化。

個股投資排行列表

1）Vanguard FTSE Emerging Markets ETF（33%）

2）SPDR S & P 500 ETF（27%）

3）iShares MSCI Emerging Markets ETF（19%）

4）iShares iBoxx Investment Grade Corporate Bond ETF
（1%）

5）iShares Core S & P 500 ETF（1%）

賽斯・克拉爾曼 Seth Klarman（包波斯集團／Baupost Group）

畢業於哈佛商學院的一流投資人，施展多樣化策略。幾十年前曾出版《安全邊際》（*Margin of Safety*）一書，如今雖已絕版，卻在世間以傳說級投資書的地位被高價交易。擁有居住於波士頓的地利之便，經常在哈佛商學院演講，也成為無數個案研究的題材。

個股投資排行列表

1）EMC（20%）

2）Cheniere Energy（15%）

3）ViaSat（12%）

4）Antero Resources（8%）

5）Allergan（7%）

大衛・泰珀 David Tepper（阿帕盧薩管理公司／

Appaloosa Management）

　　一流投資人，擅長危難證券投資策略，便宜投資經營不善的企業。他當然在上一次的金融危機中施展此策略，攫取了巨額獲利，在賺取超高額報酬的知名避險基金經理人中，他所獲得的報酬仍屬首屈一指的高報酬，因而聞名。畢業於卡內基美隆大學，由於挹注巨額捐款給該校，該校遂取自其名，將 MBA 計畫命名為泰珀商學院。

個股投資排行列表

1）Energy Transfer Partners（11%）

2）Alphabet（9%）

3）Delta Air Lines（8%）

4）Williams Partners（5%）

5）Whirlpool（5%）

比爾・艾克曼 Bill Ackman（潘興廣場資本管理公司 ／ Pershing Square）

　　畢業於哈佛商學院的一流投資人，擅長激進策略。和艾康一起被稱作「現代高登・蓋克」，也頻繁曝光於金融媒體。他也會在哈佛商學院演講，不過他的演講完全禁止公開與記錄（其他投資人不會如此嚴格），取而代之的是，可以聽到許多投資內幕，因此成為最受歡迎的演講

之一。

個股投資排行列表

1）Zoetis（21%）

2）Canadian Pacific（21%）

3）Restaurant Brands International（17%）

4）Air Products and Chemicals（12%）

5）Mondelez International（10%）

約翰‧保爾森 John Paulson（保爾森對沖基金／Paulson & Co.）

畢業於哈佛商學院的一流投資人，擅長具話題性的投資策略。在金融危機之前察覺到次級房屋借貸的泡沫，使用衍生性金融商品進行放空。而後獲得巨額收益，一舉成名。那次操盤成為史上最賺錢的交易，還被寫進暢銷書裡。

個股投資排行列表

1）Allergan（11%）

2）Shire（9%）

3）Teva Pharmaceutical Industries（8%）

4）Mylan（8%）

5）Extended Stay America（5%）

大衛・安宏 David Einhorn（綠光資本再保險公司／Greenlight Capital）

一流投資人，擅長組合股票作多與放空的投資策略。在金融危機之前看穿雷曼公司的傾頹，在市場公開放空，而後獲得巨額收益，一舉成名，也可謂放空激進投資人。在那之後，每當他發表新的放空操作，就會受到市場很大的關注。

個股投資排行列表

1）Apple（15%）

2）General Motors（8%）

3）Time Warner Inc（7%）

4）Michael Kors（7%）

5）AerCap（6%）

理查德・佩里 Richard Perry（佩里資本／Perry Capital）

一流投資人，擅長激進策略。在日本也展開激進策略，備受矚目。葛林伍德教授記錄此情景，成為知名個案研究，其本人也曾來到課堂上成為座上賓。

個股投資排行列表

1）Ally Financial（26%）

2）AIG（17%）

3）AerCap（14%）

4）HCA（13%）

5）Ball Corp（13%）

光看以上前五大個股列表，可以觀察出下列特徵。

● 操作比例因一流投資人的投資策略而異

尤其是激進投資人，由於他們會盡可能集中投資對象的股票，設法以多數的力量發揮影響力，因此往往會採取少數的大比例操作。

● 各一流投資人投資同一支個股

英文有句俗諺是「英雄所見略同（Great minds think alike.）」，在投資世界也有相同現象。當然，也有採取相反的操作而對立的狀況，就如同前述艾康和艾克曼針對賀寶芙公司的例子。

● 13F 僅揭露股票投資

舉例來說，擅長宏觀策略的達利歐，他的投資組合中ETF 名列前茅。這雖然可以當作參考，但只要無法看其他未揭露的投資組合，無法掌握整體樣貌，就無法得知這個

投資策略的意圖為何。

　　到目前為止所介紹的解讀力根源中，存在個別投資人難以接觸的項目，舉凡一流投資人所擁有的廣大社交網絡，以及用於消息解讀方法的資源等等。不過，透過解讀 13F，可以和這些擁有解讀力根源的一流投資人共同投資。運用 13F 時，當然必須考量方才列舉的注意要點，最終仍需以自己的眼睛判別投資對象，但是，沒有比 13F 更適合當作投資點子的資源了，請務必運用看看。

掌控自我──整理身為投資人的心緒

▌認識認知偏誤

　　如第三章所介紹般，人類的偏誤會不知不覺起作用，因此首先必須從認識偏誤開始。接下來，必須「掌控自我」，盡可能不妨礙自己進行理性的投資判斷。當然「說來容易」，就連一流投資人也每天和這個主題奮戰。

　　以下複習第三章所介紹的認知偏誤。在進行投資判斷時，銘記這些項目，停下來深思熟慮一次，之後再付諸行動，這是非常重要的事。

1. 獲利和虧損不對等

相較於獲利時的喜悅，因虧損而感到的悔恨帶來的衝擊較大。切勿過度畏懼虧損，平等看待獲利和虧損，追求投資機會。

2. 不去判斷自己要「判斷」

大腦喜好慣性。切勿直接選擇 401k 等的「預設選項」，而應深思熟慮後判斷投資對象。

3. 高估容易想到的事情

不慎高估最近一次的投資「火災」的發生頻率。切記這種時候更不要過度畏懼風險，而是有邏輯的立足於平衡點，果斷挑戰投資機會。

4. 熱手謬誤與回歸均值

投籃連續進球後，會認為下次也會進球，且機率在平均之上。若看見投資績效過度偏離過去平均，切記應懷疑今後的回歸均值特性。

5. 錨定效應

數字先說先贏。考慮投資時切勿被股價固定住，應著

重根本價值來進行投資。

6. 心理帳戶

大腦中，金錢帶有顏色。投資時切勿對每支個股的個別表現忽悲忽喜，而要放眼投資組合整體績效。

7. 後見之明偏誤

回顧過往，認為一切事物不證自明。計畫投資時切記避免高估自己的判斷能力，還要避免低估不確定性。

▌投資後置之不理的勇氣

先前提及，將資產託付他人時，應注意扣除委託時的手續費總額後的淨收益。同樣的，自行運用資產時，也應注意扣除交易手續費總額後的淨收益。即使要購買股票，也無法免費購得，必須支付手續費給證券公司。當然，若使用網路證券等下單系統，每筆交易的手續費不會太高，但若交易次數多，也是積沙成塔。

隨著投資對象的股價而忽悲忽喜，反覆進行買賣，交易手續費的花費就會膨脹，淨收益則下降。此外，若總是檢查投資對象的股價而忽悲忽喜，就會增加受認知偏誤影響的機會。認知偏誤令人一不小心就難以掌控自我，我們

應盡量避免與之搏鬥。為此，我推薦各位下定決心投資後置之不理。一旦投資之後就置之不理，等待個幾年，這是具備解讀力的一流投資人也會採取的實際做法。巴菲特也曾說過以下這段話。

「若你不打算持有個股十年，那就連十分鐘也不需要持有它。」

要實際採取這種做法，代表你要提高進入投資的門檻。「持有十年的個股」不會如此頻繁出現，因此必須慎選，再進行投資。

當然，若發生徹底翻覆投資路線的事件，例如投資對象發生重大意外，就有必要重新思考操作策略。但是，這種程度的事情，就算不常檢查股價，看一般報紙頭條時自然就會發現，因此可謂「置之不理」的範圍。此外，大部分的投資對象會在每一季發布財報。確實有許多投資人會在這個時機點，確認財務報表的內容和投資目標是否吻合。即使如此，因為一年只有四次，亦可謂「置之不理」的範圍。

審慎尋找「可以持有十年的個股」，一旦投資之後就置之不理。這個祕訣能閃避多餘的交易成本和認知偏誤的

影響，藉以提高淨收益。

▌遠離都市喧囂

許多投資人都想採納一些巴菲特的投資手法，畢竟他是投資業界的超級巨星。其中，蓋伊·斯皮爾 (Guy Spier) 可以說是很特別的一位。斯皮爾自己也是畢業於哈佛商學院的一流投資人，經營避險基金海藍寶資本管理公司。他會一舉成名的契機是以高額標下「與巴菲特的午餐」。巴菲特每年會拍賣和自己吃午餐的權利，當作慈善募款。2007 年，斯皮爾和同樣是巴菲特的狂熱追隨者莫尼斯·帕波萊（Mohnish Pabrai）一同標下這項權利，價格竟達 65 萬美元。隨著這高昂的成交金額成為話題，斯皮爾自己也成為鎂光燈焦點。這一瞬間，斯皮爾可說是鞏固了身為第一號巴菲特追隨者的地位。

斯皮爾近年出版了《華爾街之狼從良記》（*Education of a Value Investor*）一書。如其書名，斯皮爾如實的撰述了自己身為投資人的失敗經驗和學到的教訓。內容非常豐富且容易閱讀，推薦給各位。斯皮爾在書中對投資做了諸多觀察，其中特別耐人尋味的是他強調「投資判斷的環境的重要性」，以下為其概要。

● 斯皮爾剛成立海藍寶資本管理公司時，將辦公室設

置於紐約市中心，因為他認為避險基金齊聚的紐約就是最佳環境。

- 然而，他逐漸認為，由於紐約是世界金融中心，帶來的喧囂和壓力讓投資人的心緒紊亂，自己將無法進行正確的投資判斷。

- 此時，他重新研究巴菲特的投資手法，再次發覺巴菲特遠離紐約這樣的金融重鎮，在奧馬哈這樣的環境進行投資判斷。身處這樣的環境，可以從喧囂和壓力中解放，並整理身為投資人的心緒來進行判斷，這不就是現在的自己所需要的嗎？

- 於是，他決定將據點從紐約搬到瑞士。瑞士雖不像奧馬哈那麼有鄉村氣息，但他認為可以遠離喧囂，靜下心來進行投資判斷，有助於往後的績效表現。

許多避險基金將據點設於紐約，因為這是齊聚資本、人才、消息等所有資源的環境。而且還有一項優點，就是比較容易建立解讀力根源——社交網絡。

不過，如斯皮爾所言，無論公私場合，周圍皆是金融相關人士，在總是被金融重鎮特有的喧囂和壓力包圍的環境中，也許無法整理身為投資人的心緒並進行獨當一面的投資判斷。在這一點上，由於巴菲特擁有超級巨星投資人

的地位，無論在奧馬哈還是紐約，他都能取得重大消息，因此在遠離喧囂的奧馬哈進行投資判斷或許是相當合理的選擇。當然，他身為超級巨星投資人，才能取得消息，對於非超級巨星的投資人而言，無法兼得紐約「情報集中地」的優點，以及奧馬哈「讓投資人心情平靜的環境」的優點。然後，在思考這個無法兼得的狀況時，已確立一流投資人地位的斯皮爾重視的是後者。

對個別投資人來說，為了投資而將居住地由大都市遷到鄉下，並不符合現實。不過，即使只在進行重大投資判斷的時候，遠離都市喧囂，到寧靜的海邊慢慢思考，理出結論，也許採納這樣的實際做法也不錯。

推薦冥想

不只投資人需要「整理心緒以做出正確判斷」，從經營者到範圍廣大的商業專業人士對此也有很大需求。不過，在現實上大部分的投資人和經營者不會移居奧馬哈，也很難在每次要進行重大判斷時去寧靜的海邊。

作為忙碌的商業專業人士整理心緒的方法，在美國備受矚目的是「冥想（meditation）」，又稱為「mindfulness」。舉例來說，科技業中，史提夫‧賈伯斯曾採取冥想，這是廣為人知的事，而如今，如 Google 開設員工的

冥想課程等事例，冥想成為提升員工表現的方法而備受矚目。聽到冥想，會令人聯想到東方文化，但現今受到矚目的冥想方法和特定宗教沒有關聯，而是關注在騰出安靜的時間，運用呼吸法等技巧整理心緒，藉此提升工作表現。也有研究報告指出，透過冥想而活化大腦運作等結果，這類科學上的佐證也是引人注目的要素之一。哈佛商學院也使用校園內的健身房空間，開設冥想班。

投資業界中，經營全世界最大避險基金的哈佛商學院校友雷‧達里奧就以冥想的第一號人物聞名。達里奧在學生時期就採用冥想，甚至斷言「自己成功的最大原因是冥想」。達里奧在經營的避險基金中設置冥想室等，於基金投資的步驟中加入冥想。

也因為達里奧的成功，華爾街掀起了冥想的風潮。最近，避險基金紛紛邀請冥想專家到辦公室，設計投資專家用的課程。筆者也去嘗試了，由於只參加了以初學者為對象的冥想班，內容相當簡單，容我在此介紹，內容如下述。另外，即使僅僅實踐這些內容，面對之後的投資判斷時，我也可著實體會到自己的心緒已整理完畢。

- 找到可以獨處的安靜空間，即使是空無一人的會議室也無妨。
- 整理呼吸，有規律的深呼吸。

- 整理姿勢，可站可坐，找到對自己而言輕鬆的姿勢。
- 閉上眼睛，把心放空，一開始會不小心思考各式各樣的事情，即便如此也無妨，盡量不讓自己思考。此外，一開始也常不小心睡著，即便如此也無妨。
- 持續閉眼 20 分鐘至 30 分鐘，把心放空。

這就是一流投資人在進行投資判斷前也採取的冥想。你也不妨採取看看，將之當作「掌控自我」的王牌。

▍活用所學──推薦檢查表

在第三章所介紹的葛林伍德教授的研究中，有項結論是「有經驗的基金經理人較不會受網路泡沫影響」。這項研究成果顯示，投資過程中，過去的經驗會帶來教誨。另一方面，在實際執行投資判斷時，要和當下發生的認知偏誤對戰。也就是說，好不容易擁有過往經驗，卻可能因認知偏誤而妨礙運用過往經驗。此時，「掌控自我」的有效方法是奠基於過往經驗的「檢查表」。

多年前，《清單革命》（*The Checklist Manifesto*）一書成為美國的暢銷書。這本書的主題故事為，在救命醫療這種必須立刻進行複雜判斷的現場中，事先做好檢查表，

徹底運用，便可大幅減少醫療事故。書中也列舉了其他需要進行複雜判斷的領域所採用的檢查表，使用檢查表後，失誤大幅減少。並非將現場的經驗及技術停留在腦中，而是全部寫在紙上，在實際進行判斷時徹底確認，此即一大重點。

《清單革命》在投資業界中也備受矚目。若將書中的想法套用至投資步驟，就是先將自己從過往經驗中學到的事寫進檢查表，並在進行投資判斷前逐一確認。無論擁有再多過往經驗，若進行投資判斷時想不起來就沒有意義。事先做成檢查表，可以確實套用過往經驗。

這個檢查表是基於自身經驗和失敗的表格，因此是自己獨有的東西。這個檢查表當然會反映出你從其他投資人那裡學到的概念，但並不代表其他投資人會和你一樣經歷相同的經驗或失敗，所以這部分是只有自己才擁有的特殊事物。正是因為如此，其價值相當高。所以，許多一流投資人利用檢查表當作投資的其中一步驟，前述的斯皮爾也是其中一人。斯皮爾的檢查表內容充實，已經達到好幾頁的程度。

這就是一流投資人也採用的投資檢查表。為了不浪費至今的經驗，並將之應用於下次的投資，你也不妨在投資步驟中使用看看。

理解誘因──謹記「誰在」投資

找尋非理性經濟賣方

若為個別投資人，只要投資多餘資金，不操作財務槓桿，就不會成為非經濟理性賣方。這也就是說，當非經濟理性賣方出現時，可以化身為買方掌控這個投資機會。如第三章所介紹，產生非經濟理性賣方的交易，是具備解讀力的投資人最關注的投資機會，也是獲得龐大收益的機會，沒有放過這個機會的道理。

在可能催生非經濟理性賣方的契機中，最應關注的重點是「受雇投資人和其誘因」。受雇投資人會在何時轉換為非經濟賣方呢？若能察覺這個時機，就能成為莫大的投資機會。請打開你的天線，尋找第三章所介紹的容易催生非經濟理性賣方的狀況。

- 和受雇投資人的限制條件相牴觸的現象
- 市場的流動性枯竭時
- 規定改變

察覺企業的投資動向

市場中，發揮解讀力的可不只有投資人。賣出股票以周轉資金的企業也有發揮解讀力的時候。而且，我已介紹

關於「投資人的非理性」和「投資人低估代理成本」作為其解讀力根源的研究。企業運用這類機會，設法盡可能高價賣出自家公司的股票。這當然是因為，對周轉資金的企業而言，採取這種行動相當合理。反過來說，身為投資人，必須掌握該誘因，審慎判別投資對象。例如，打算投資時，有必要問自己下述問題。

- 確認交易動機：為何在此時機（透過掛牌或增資）賣出股票？
- 有無母子公司掛牌：此時，是否低估了代理成本？
- 即使非母子公司掛牌，企業是否具高代理成本的體質？是否低估了代理成本？

對投資人而言，企業是投資對象，和經營團隊建立雙贏關係同時提升企業價值，此亦可稱為夥伴，但除此之外，請別忘了企業也是市場玩家，它可能站在交易的對立面發揮解讀力。

4 高級篇 投資客的格鬥術

　　最後，在哈佛商學院投資技術和實踐方法的高級篇，我想介紹有關推薦選股的事。

挑戰推薦選股

　　所謂推薦選股，一言以蔽之，就是將自己的最佳點子告訴有權投資的人。一流投資人和許多避險基金都採納推薦選股當作投資的一步驟。舉例來說，在避險基金，投資專員會向其主管——投資組合經理人——進行推薦選股。當自己的點子被採納，促成基金投資，而若該個股走勢如預期，就能成為投資專員的功績。

　　在哈佛商學院，立志成為投資專家的學生也於在學時磨練推薦選股能力。學校方面也提供投資社這個場域，為培育投資專家盡一份心力。投資社是哈佛商學院由學生主導的眾多社團之一，但並不只是一個社團，也是實際運用資金的正當基金。還有由二年級生為主體組成的投資委員

會，投資社的社員會向該投資委員會進行推薦選股。

　　關於推薦選股，與其列舉細節，不如介紹具體例子較容易想像，因此，以下試著描繪簡單的推薦選股情景。

　　下午五點，舞台在哈佛商學院校園內的教室。一年級生用的教室（約可容納 100 人）實在很大，因此大多在比較小的二年級生用的教室舉辦。那裡會聚集二十至三十名投資社社員，自由入座，不過座位大多已固定。從教室後方往前看，坐在教室右前方電腦附近的人是這次進行推薦選股的學生，通常會有四至五人。而坐在左前方，也就是他們正對面的人則是以二年級生為中心的投資委員會成員。然後，其他社員在後面，直到活動開始前一刻都在閒聊，或是閱讀個案研究。哈佛商學院對於上下課的時間非常嚴謹，但社團活動都不會照時間開始。開始後也不斷有人進出教室。社團以分鐘為單位安排時間表，完成各式各樣的活動，然後，若判斷該活動窮極無聊，就會盡早「停損」，這就是哈佛商學院的風格。更不用說大家會從靠近教室後方出口的座位開始坐起。

　　下午五點十分，開始推薦選股。投資委員會的成員簡單致詞後，第一位 A 同學隨即站上講臺。大部分的學生會用 PowerPoint 做報告資料，並依此進行推薦選股。有時候也會有學生什麼都沒準備，只帶著手寫的筆記就開始報

告。無論何者都行，這並非以形式取得分數的世界，成敗完全取決於點子的內容。

推薦選股的鐵則是從結論開始報告。A 同學開始報告。

「我推薦買進（作多）科技公司 X 公司的股票。雖然市場評估其股價為 10 美元，但真實價值是 15 美元，一年可望上漲 50%。催化劑是今年預計上市的新商品熱銷。」

這段話中濃縮了推薦選股的精髓。即買進或賣出（換言之，價格為便宜或高額）？在多長的投資期間可望獲得多少收益？為何市場有誤？然後 在什麼樣的契機（催化劑）下，市場會注意到該錯誤？

如同推薦選股這個名稱，主要是針對投資上市上櫃股票的提議，因此，在建構投資策略時，罕有產生「指定交易方法」的議題。不過，若為放空提議，會有借股票的成本等花費，比作多操作的限制高，可謂門檻較高（根據筆者的印象，大約在四至五件投資社的推薦選股中，會有一件推薦放空的提議）。

鎖定催化劑決定投資週期

關於投資期間和報酬率，當然是投資期間短且報酬率高比較好。投資社（還有一般的避險基金也是）的人員、時間和資金都有限制，如果沒有時間細查無數點子，也就沒有資金做投資。就算報酬率低的操作成功機率很高，對投資社來說也是浪費時間。

催化劑直接關乎投資期間。最終，即使股價會翻倍，若在二十年後發生則年增加率也不到4%。舉凡公布財報、新產品發表、政治活動，任何契機都好，只要無法說明契機，就無法鎖定投資期間，說服力就會減半。

結論之後，會進入公司概要、商業模型、市場偏離根本價值（預測股價）的說明。在說明股價價差時，大多會採取的手法是，預測該公司約五年內的財務指標，並回推計算目前股價。而預測獲利的部分，會和市場證券分析師的預測相比較，並說明差異。用 PowerPoint 呈現 Excel 做的預測獲利模型細節較困難，因此大多會不惜省略，僅顯示重要的前提指標，例如業績成長率、收益成本比率、營業損益、公司負債與周轉成本等。

A 同學繼續報告。

「市場證券分析師認為 X 公司的新產品將帶來平均 10% 左右的業績成長率，這將影響股價形成。然而，這是極其保守的數字。稍後我將詳細說明，不過根據各種調查，這是一項劃時代的商品，從市場與市佔率的擴大這兩項要素來看，預計業績成長將比賣方所預測的高出 30%。隨著業績成長，預計每件商品的成本會下降，合計這些效益，預測一年後每股獲利約上升 50%，每股獲利來到 1 美元。假設現在 15 倍的本益比到一年後仍不會變動，股價可望來到 15 美元，從現在的 10 美元上升 50%。」

報告所需時間大約為十分鐘，足以涵蓋投資精髓。之後是投資委員會成員和其他社員的提問時間。這不僅限於推薦選股，無論任何報告都會有提問時間，不過此時關心熱度的基準絕對是提問的數量。若是知名度高的個股，由於參加人員能夠掌握重點，比較容易進入本質的討論，意見交換也比較熱絡。因此，一開始的問題就會直搗核心，例如下述。

「A 同學認為 X 公司的新商品具劃時代意義，但 Y 公司也預計在一個月後發表同樣的商品，市場預估到這個影響而認為業績成長率在 10%。那麼就 A 同學的分析，Y

公司的生意會帶來多少影響？」

　　會是這類的情況。

　　不過，若為大型個股，缺點是報導的證券分析師為數眾多，要有邏輯的找出大幅偏離共識的結論，是很困難的事。

　　因此，在推薦選股中，也會出現很多一般人不太認識的小型股。此外，當國際學生進行推薦選股時，也常選擇在美國鮮為人知的母國個股。這兩種狀況大多沒有優質賣方的報導。若選擇知名度低的個股，雖然優點是開頭容易吸引社員關注，但缺點是在之後的提問時間，容易花費時間在一開始的商業模型和市場特徵等部分，淪為始終在討論表面問題的狀況。

　　對投資委員會的成員來說，這也是要實際判斷是否加入投資組合的場合，因此會很認真提問。從旁來看，也會有很多相當棘手的提問。對此，推薦選股的當事人能多麼有條不紊的回答，將是成敗關鍵，儼然就是投資點子的格鬥術。

　　由於時間上的限制，提問時間要在十至十五分鐘內結束。不會當場做出結論，而是日後在線上開設投票，與會社員投票選擇是否投資。投資委員會將參考投票結果，決

定是否加入投資組合，日後再宣布被採用的個股。

　　以上就是典型的推薦選股情況，是否可以想像了呢？在哈佛商學院，九十個人一同討論個案研究也是很認真的，但在點子的格鬥術——推薦選股的場合，討論也非常認真。希望我能傳達出這個氣氛。

　　和此相同的情景也重複出現在全世界的避險基金中。投資專員設法將自己的投資點子以最簡潔、淺顯易懂的方式傳達出去，並說服有權投資的人。而且，即使面對關於投資點子的無數嚴謹提問，也設法以最冷靜、明確且有邏輯的方式反駁。

　　另外，若將步驟中「自己的投資點子」的部分替換為「自己的發言」，確實就符合哈佛商學院的個案研究討論所要求的發言能力。然後，若同樣將「投資點子」替換為「商業點子」，也符合身為商業專業人士被要求的能力。換言之，磨練推薦選股的本事，除了投資能力外，也能提升普遍的商業能力。

　　如同獨自一人無法討論個案研究，獨自一人也無法進行推薦選股。這是因為，推薦選股後在收到對方的回饋和提問後，才可以開始稱作推薦選股。雖說如此，沒有必要像哈佛商學院教室中聚集幾十人般，幾個人也就十分有效了。哈佛商學院的投資社確實就是為了這個目的而存在的

場域，其他大學中也設有相同的投資社，聚集了對投資有興趣的社員。一流投資人斯皮爾也和其他投資人朋友共同製造一個場合，讓自己的投資點子能以推薦選股的形式公開，他說這大大影響了自己身為投資人的成長。

這就是一流投資人互相競爭、磨練自我的點子格鬥術。各位在踏入投資人的下一個階段時，不妨也尋找志同道合的其他個別投資人，設立一個互相公開推薦選股的場合吧。

從參與者進階為玩家，
最需要的核心能力

　　葛林伍德教授的最後一堂課，是關於日本政府公債的
放空策略的個案研究。

　　個案研究的主角是一流投資人凱爾・巴斯（Kyle
Bass），他經營海曼資本這家避險基金，也經常被日本媒
體引述報導。在金融海嘯之前，他早一步察覺美國不動
產泡沫，放空了次級房貸的相關證券，結果賺取了巨額
利益。最近則警告日本財政危機和隨之而來的政府公債
崩盤，他在媒體上公開日本政府公債的放空策略，受到
矚目。巴斯和葛林伍德教授是舊識，也來到課堂上當座
上賓。

　　避險基金並非現在才開始放空日本政府公債。在失落
的二十年中，許多避險基金陸續提出日本財政危機和政府
公債崩盤論述。不過，實際上，日本政府公債不僅沒有崩
盤，價格反而持續上漲。於是，日本政府公債的放空策略
在二十年中節節敗退，對避險基金而言是場噩夢般的操

盤。因此，許多投資專家對熱議著「這次一定會跌」的巴斯抱持懷疑，這也是事實。

即便如此，巴斯仍認為這次一定有催化劑。在個案研究中也提出了各式各樣的要點，主要例子如，財政惡化不只存量面，在流量面也已到達臨界點，還有，少子化與高齡化日漸白熱化，日本無法再像現在一樣承受債務負擔。雖然沒有令人耳目一新的論點，但一般認為他對日本現狀有著深刻理解。

金融背景者占大多數的班級討論中，也能聽到有人對發現催化劑的可能性抱持懷疑，即使他們理解日本現狀多麼嚴峻。

筆者身為班上唯一的日本人，葛林伍德教授給了我好幾次發言的機會，我則嘗試反駁巴斯。討論最後形成平行線，葛林伍德教授作結後就下課了。

之後，一如往常，學生們圍繞著來賓巴斯。筆者也加入人群，在致意之後，針對課堂中的發言做了簡單的意見交換。

然後，在離開之際握手時，巴斯如此言道。

「對於這個投資策略，我也希望自己是錯的。我希望你們能（日本人）證明我是錯的。」

想提升國力，就要提升投資力

筆者仍在投資專家的進修階段，會撰寫投資書籍，其中一個契機就是因為這個留學時期的體驗。如前言所述，日本所擁有的個人金融資產約有 1,700 兆元，是資產大國。如何運用並增加這龐大資產？我們可以說，這將左右日本今後的路。筆者認為，這裡的關鍵在於「提升投資力」。藉由每一位提升投資力的資產管理人，不只可以增加每一個人的財富，還能帶動國家的整體成長，甚至帶給世界莫大影響。這也就是說，日本除了是資產大國，還要成為投資大國。

從留學時期到現在，我總是在想，關於「提升投資力」，自己能做出什麼貢獻。當然，身為一個投資專家，前提是我必須透過本業，成長為活躍全球領域的投資人，但我希望能超越現在的職務等級來活用自己的經驗，因此我決定撰寫這本書。透過書中淺顯易懂的介紹哈佛商學院所傳授的投資技術，各位是否對投資這個乍看之下有些陌生的領域，懷抱更多興趣了？或是想要更認識這群立志活躍於全球的投資專家？我期許能達到這樣的效果，撰寫了本書。

若透過本書，讓各位至少感受到一些投資的魅力，為

各位「投資力的提升」盡一份微薄的心力，對筆者而言就是無上的喜悅了。真的非常感謝你閱讀到最後。

本書的出版獲得許多人支援，藉這個機會，我要深深感謝這些人，由衷感謝其中賜予我撰寫機會，並從企畫階段就大力支持我的 CCC Media House 書籍編輯部長鶴田寬之、本書和筆者永遠的靈感來源——哈佛商學院的明星教授群、身為投資見習生的同班同學、欣然支持我出版的各位同事。

雖然本書獲得許多人支援方能出版，不過本書文責全由筆者自負，實不需贅言。本書的見解始終為筆者個人所有，和任職單位等毫無關聯。

最後，在此向無論何時都溫暖守護我的父母和家人、十幾歲相識起共同走到現在的妻子英子、每日教導我人類的非理性和偉大之處的兒子賢史聊表感謝之情，容我在此擱筆。

中澤　知寬

參考文獻

序言

- 哈佛商學院的使命

  哈佛商學院的網站：www.哈佛商學院.edu

- 關於日本的個人金融資產，參考來自日本銀行的 2015 年第四季資金流通情形（速報）。

  https://www.boj.or.jp/statistics/sj/sjexp.pdf

第一章

- 關於華倫・巴菲特寫給股東的信，以及所有華倫・巴菲特和波克夏的參考資料

  公司網站：http://www.berkshirehathaway.com/letters/letters.html

  Cunningham, Lawrence. *The Essays of Warren Buffett: Lessons for Corporate America*. Carolina Academic Press, 3rd Edition. March 15, 2013.

- 關於高登・蓋克

  Wall Street. Directed by Oliver Stone. 20th Century Fox. 1987.

Film.

- 關於投資專家相對於主要指數的績效表現，至今有許多研究公開於世，針對最近的數據則參考 S&P Dow Jones Indices 的 SPIVA U.S. Scorecard（2015 年 6 月底）。https://us.spindices.com/documents/spiva/spiva-us-midyear-2015.pdf

第二章

- 哈佛商學院的就職數據和教授簡歷
  哈佛商學院的網站：www.哈佛商學院.edu

第三章

- 針對小型股效應、價值股效應、動能效應的研究
  Fama, Eugene F., and Kenneth R. French. "Common risk factors in the returns on stocks and bonds." *Journal of Financial Economics* 33, (1993) 3-56.
  Carhart, Mark M. "On Persistence in Mutual Fund Performance." *Journal of Finance* 52, (Mar 1997), 57-82.
- 關於哈佛商學院校友的創業比率
  https://entrepreneurship.哈佛商學院.edu/programs/Pages/new-venture-competition.aspx
- 關於《回到未來II》

Back to the Future Part II. Directed by Robert Zemeckis. Universal Pictures. 1989. Film.

● 關於家鄉偏誤的研究

Coval, Joshua D., and Tobias J. Moskowitz. " The Geography of Investment: Informed Trading and Asset Prices." *Journal of Political Economy* 109, no. 4 (August 2001).

Coval, Joshua D., and Tobias J. Moskowitz. " Home Bias at Home: Local Equity Preference in Domestic Portfolios." *Journal of Finance* 54 (December 1999).

● 針對 SAT 效應的研究

Chevalier, Judith, and Glenn Ellison. 1999. "Are some mutual fund managers better than others? Cross-sectional patterns in behavior and performance." *Journal of Finance* 54, 875-899.

● 關於社交網絡的研究

Cohen, Lauren H., Christopher J. Malloy, and Andrea-Frazzini. "Sell-Side School Ties." *Journal of Finance* 65, no. 4 (August 2010): 1409–1437.

Cohen, Lauren, Andrea Frazzini, and Christopher J. Malloy. "The Small World of Investing: Board Connections and Mutual Fund Returns." *Journal of Political Economy* 116, no. 5 (October 2008): 951–979.

- 關於內線人士的交易研究

Cohen, Lauren, Christopher Malloy, and Lukasz Pomorski. "Decoding Inside Information." *Journal of Finance* 67, no. 3 (June 2012): 1009–1043.

- 關於PEAD效應的研究

Bernard, Victor L., Jacob K. Thomas. "Post-Earnings-Announcement Drift: Delayed Price Response or Risk Premium?" *Journal of Accounting Research*, Vol.27, Current Studies on The Information Content of Accounting Earnings (1989), 1-36.

- 針對星期五效應的研究

DellaVigna, Stefano, and Joshua Pollet, "Investor Inattention and Friday Earnings Announcements." *Journal of Finance* 64 (April 2009), 709-749.

- 針對主流媒體效應的研究

Huberman, Gur, and Tomer Regev. "Contagious speculation and a cure for cancer. A non-event that made stock prices soar." *Journal of Finance* 56 (2001), 387-396.

- 關於具有高度經濟依賴性的企業之間的研究

Cohen, Lauren, and Andrea Frazzini. "Economic Links and Predictable Returns." *Journal of Finance* 63, no. 4 (August 2008).

- 關於企業公開電話會議的研究

  Cohen, Lauren, Dong Lou, and Christopher J. Malloy. "Playing Favorites: How Firms Prevent the Revelation of Bad News." Working Paper, August 2014.

- BIA 公司的個案研究（哈佛商學院的個案研究可於 HBR 網站購買——www.hbr.org）

  Cohen, Lauren, and Christopher Malloy. "Business Intelligence Advisors (BIA), Inc.: Finding the Hidden Meaning in Corporate Disclosures." Harvard Business School Case 212-031, October 2011. (Revised March 2012.)

- 關於行為經濟學與投資判斷

  Kahneman, Daniel. *Thinking, Fast and Slow.* Farrar, Straus, Giroux. Reprint edition (April 2, 2013).

  Bazerman, Max H., and Don A. Moore. *Judgment in Managerial Decision Making (7th Edition).* John Wiley & Sons, Inc. 2009.

  Thaler, Richard H. *Nudge: Improving Decisions About Health, Wealth, and Happiness.* Penguin Books; Revised & Expanded edition (February 24, 2009).

  Gilovich, Thomas, Robert Vallone and Amos Tversky. "The Hot Hand in Basketball: On the Misconception of Random Sequences." *Cognitive Psychology* 17, 295-314 (1985).

Lax, David, and James K. Sebenius. *3-D Negotiation: Powerful Tools to Change the Game in Your Most Important Deals.* Harvard Business School Press. 2006.

Thaler, Richard H. "Mental Accounting Matters." *Journal of Behavioral Decision Making* 12:183-206 (1999).

Taleb, Nassim N. *The Black Swan: The Impact of the Highly Improbable.* Random House. 2010.

- 關於投資人經驗的研究

Greenwood, Robin, and Stefan Nagel. "Inexperienced Investors and Bubbles." *Journal of Financial Economics* 93, no. 2 (August 2009): 239–258. (formerly NBER Working Paper No. 14111, June 2008.)

- 關於量化 vs 基本面投資人

Lowenstein, Roger. *When Genius Failed: The Rise and Fall of Long-Term Capital Management.* Random House. 2001.

- 關於一物二價的研究

Lamont, Owen A. and Richard H. Thaler. "Can The Market Add And Subtract? Mispricing In Tech Stock Carve-Outs." *Journal of Political Economy*, 2003, v111 (Apr), 227-268.

- 關於受雇投資人的誘因和託付資產出入的不對稱性

Chevalier, Judith and Glenn Ellison. "Risk Taking by Mutual

Funds as a Response to Incentives." *The Journal of Political Economy*, 1997, v105, No.6 (Dec) 1167-1200.

- 日經平均指數更換組成個股的個案研究

Greenwood, Robin. "The Nikkei 225 Reconstitution." Harvard Business School Case 207-109, March 2007. (Revised March 2008.)

- 關於激進投資人的研究

Brav, Alon., Wei Jiang, Frank Partnoy, and Randall Thomas. "Hedge Fund Activism, Corporate Governance and Firm Performance". *The Journal of Finance* Vol LXIII, NO. 4. August 2008.

Greenwood, Robin, and Michael Schor. "Investor Activism and Takeovers." *Journal of Financial Economics* 92, no. 3 (June 2009): 362–375.

- 關於企業代理成本的研究

Chernenko, Sergey, C. Fritz Foley, and Robin Greenwood. "Agency Costs, Mispricing, and Ownership Structure." *Financial Management* 41, no. 4 (Winter 2012): 885–914.

- 關於國會和市場的研究

Cohen, Lauren, Karl Diether, and Christopher Malloy. "Legislating Stock Prices." *Journal of Financial Economics* 110, no. 3 (December 2013): 574–595.

- 關於哈佛大學基金

  個案研究：Perold, Andre F., and Erik Stafford. "Harvard Management Company (2010)." Harvard Business School Case 211-004, September 2010 (Revised May 2012).

  哈佛大學基金2015年度報告：http://www.hmc.harvard.edu/docs/Final_ Annual_Report_2015.pdf

- Nephila公司的個案研究

  Froot, Kenneth A., and Michael Heinrich. "Nephila: Innovation in Catastrophe Risk Insurance." Harvard Business School Case 206-130, June 2006 (Revised April 2007).

第四章

- 關於斯皮爾的實踐方法

  Spier, Guy. *The Education of a Value Investor: My Transformative Quest for Wealth, Wisdom, and Enlightenment.* St. Martin's Press. September 9, 2014.

- 關於 13F 的資料

  公開於美國證券交易委員會（SEC）的網站（www.sec.gov），也可自彭博社等金融媒體或 Insider Monkey（www.insidermonkey.com）等彙整網站取得資料。

- 關於雷‧達里奧的冥想相關發言，引用自以下來源（筆者節錄翻譯）。

  http://www.huffingtonpost.com/2014/02/12/meditation-creativity-per_n_4769475.html
- 關於檢查表

  Gawande, Atul. *The Checklist Manifesto: How to Get Things Right*. Picador, Reprint Edition. January 2011.

後記

- 海曼資本的個案研究

  Greenwood, Robin, Julie Messina, and Jared Dourdeville. "Hayman Capital Management." Harvard Business School Case 212-091, March 2012 (Revised October 2012).

國家圖書館出版品預行編目(CIP)資料

不死投資客：哈佛商學院最熱門的投資課／中澤知寬著；張
瑜庭譯. -- 新北市：感電出版／遠足文化事業股份有限公司
發行，2024.09
　328 面；14.8×21 公分

譯自：ハーバード・ビジネス・スクールの投資の授業

ISBN 978-626-7523-04-9（平裝）

1.CST：哈佛商學院　2.CST：投資

563.5　　　　　　　　　　　　　　　113006974

不死投資客
哈佛商學院最熱門的投資課
ハーバード・ビジネス・スクールの投資の授業

作者：中澤知寬（Tomohiro Nakazawa）｜譯者：張瑜庭｜內文排版：顏麟驊｜封面設計：Dinner｜
主編：賀鈺婷｜副總編輯：鍾涵瀞｜出版：感電出版／遠足文化事業股份有限公司｜發行：遠足
文化事業股份有限公司（讀書共和國出版集團）｜地址：23141 新北市新店區民權路108-2號9樓｜
電話：02-2218-1417｜傳真：02-8667-1851｜客服專線：0800-221-029｜信箱：yanyu@bookrep.com.
tw｜法律顧問：蘇文生律師（華洋法律事務所）｜ISBN：978-626-752-304-9（平裝本）｜EISBN：
9786267523063（PDF）、9786267523056（EPUB）｜出版日期：2024年9月｜定價：500元

HARVARD BUSINESS SCHOOL NO TOUSHI NO JUGYOU
By Tomohiro Nakazawa
Copyright © 2016 Tomohiro Nakazawa
Original Japanese edition published by CCC Media House Co., Ltd.
Chinese (in complex character only) translation rights arranged with
CCC Media House Co., Ltd.
through Keio Cultural Enterprise Co., Ltd., Taipei.

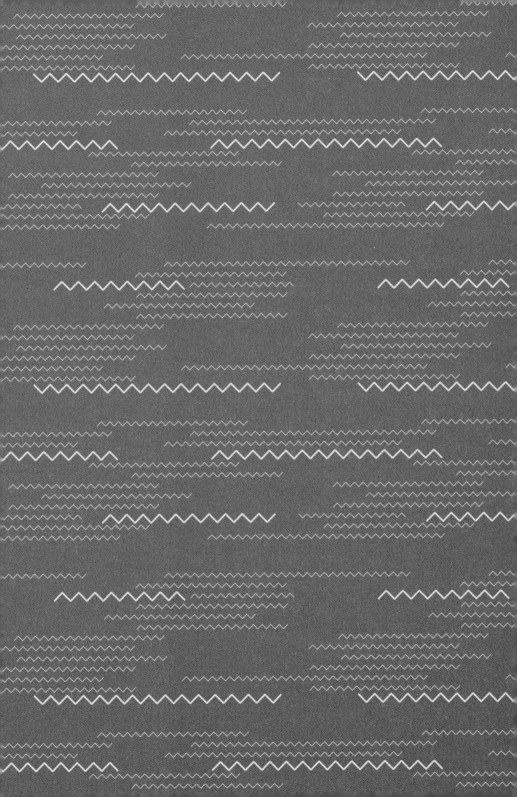

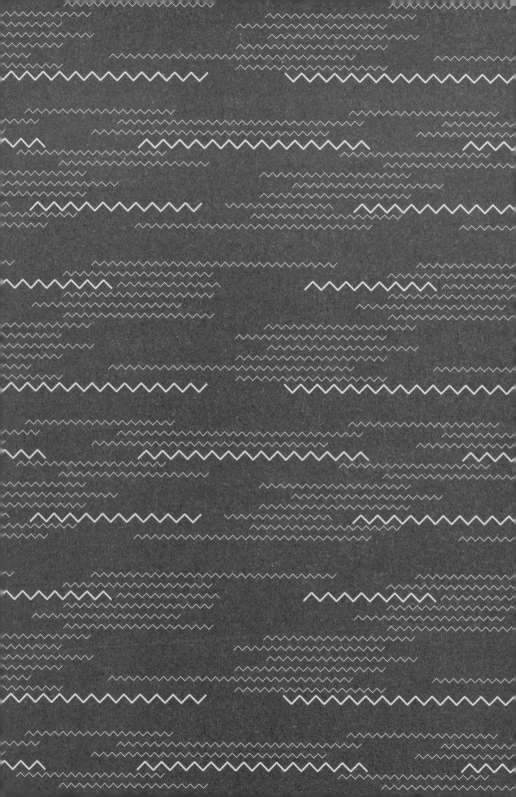

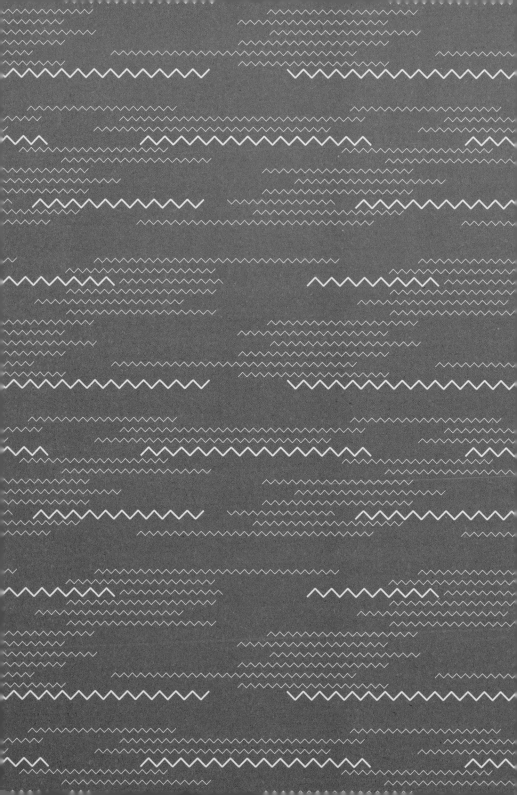